朝日新書
Asahi Shinsho 864

ふんどしニッポン

下着をめぐる魂の風俗史

井上章一

朝日新聞出版

まえがき

私は一九五五年、昭和三〇年に生をうけた。今は六十七歳である。いつのまにか、すっかりおじいさんになった。若い人たちに昔語りをしてしまう機会も、ふえている。いずれ、古老とよばれるようになっていくのだろう。

その入り口あたりにいる者のひとりとして、おさなかったころの話をする。私は風呂屋の脱衣場で、褌《ふんどし》姿の男たちを見かけたことがある。一九六〇年には内風呂のある家へ、引っ越した。だから、それ以前の記憶だと思う。とにかく、そのころは、まだ褌をしめた男が、のこっていた。

年かっこうは、おぼえていない。中年だったか、高齢者だったかといった想い出は、おぼろげである。大人の男たちであったということしか、頭のなかにはのこっていない。まだ、物心がつきはじめたばかりのころであった。たぶん、成人の年齢にたいする判断力が、できていなかったのだろう。

いずれにせよ、私はおむつばなれをしてから、パンツをはきだした。ブリーフ型のそれを、親からはあたえられている。父はサルマタやステテコだったろうか。とにかく、褌ではなかったはずである。

そのためだろう。風呂屋で目撃した褌には、新鮮な印象をいだかされた。自分や父とはちがう下着の人たちが、そこかしこにいる。そのことを、おさないなりに、発見としてうけとめたのである。

自分が褌を常用する児童であれば、まわりの褌姿を見てもおどろくまい。また、周囲がパンツだらけであっても、褌に印象を深くすることはないはずである。そもそも、見る機会がないのだから。

ただ、私の場合、自分はパンツだが、褌の大人も残存する幼時をすごしてきた。褌からパンツへの移行が完了する前の時代を、かろうじて知っていたことになる。

私より五つ六つほど年嵩《としかさ》の人には、けっこう褌の体験がある。小学生のころは、褌で水泳をした。女子はスクール水着だったが、男子は褌をしめながらおよいだものである。そんな回想を、いわゆる団塊の世代にぞくする人びとからは、しばしば聞かされた。

そういうリアルな体験が、私にはない。その意味では、脱《ポスト》褌時代を生きてきたのだと思う。しかし、団塊の世代とも、そう年ははなれていない。だから、褌での水泳という話を耳にすることはよくあった。そこにこだわれば、褌時代の最末尾あたりに位置していたような気もする。

一九五〇年代前半のプールには、褌の少年がおおぜいいた。この話を、若い人につたえると、ずいぶんおどろかれる。一九六〇年代に生まれた人たちからさえ、びっくりされることがある。えっ、褌って、そんなに最近まで着用されていたんですか。老人ならともかく少年がしめていたというのは意外ですね、などなどと。

それを不思議がる人なら、この本も未知の事実がつまったそれとして、たのしめよう。本書は、褌がパンツにとってかわられるまでの歴史を、おいかけている。そのあちこちに、「へえ」とか「ほお」と思ってもらえるはずである。

また、あらためて感慨をいだかれるかもしれない。一時代の風俗は、すぐにわすれられてしまう。二〇世紀の前半までは、ほぼすべての男たちがしめていた。そんな褌の痕跡が、今はほとんどなくなっている。そのはかなさをあじわってもらえれば、書き手としても、これにすぎることはない。

年配の読者なら、この本が書いていることに、いちいちおどろきはしないだろう。ウチの祖父は、ズボンの下に褌をはいていた。我が家では、父までもが褌派として、その生涯をおえている。自分じしん、学校の水泳では六尺褌をしめていた。そういう世代の人びとに、驚嘆の書としてうけとめられることは、期待していない。

だが、そんな読者にも、衣服の歴史は再認識してもらえると思っている。日本人の衣生活は、和服から洋服へと変化した。いっぱんには、そう思われている。しかし、褌とパンツは、そんな構図におさまりにくい歩みもたどってきた。

こんな例を、考えてもらいたい。

大学のキャンパスを和服で闊歩する学生は、まま見かける。その多くは、落語研究会、いわゆる落研《おちけん》の面々である。和服は彼らの、一種記号的な衣裳になっている。

しかし、彼らが和装の下に褌をしめることは、まずない。たいていは、ブリーフかトランクス、つまりパンツになっている。上着は和服だが、下着は洋装という状態が大勢をしめる。

いっぽう、二〇世紀なかばごろの褌派は、その多くがジャケットとズボンで出勤した。上着は洋服なのに下着は和装というケースも、少なくなかったはずである。ズボンと褌の大学教員が、着物とパンツの落研生を前に授業をする。ついこのあいだまでは、そういう講義も、じゅうぶんありえたろう。

くりかえすが、近代日本の衣生活は、和装から洋装へと推移した。その変化をさぐった読み物は、少なくない。しかし、下着のことまでくみこみつつ追跡した本は、あまりないだろう。私じしん、ひそかにパイオニアなのではないかと自負もする。

褌がパンツにとってかわった経緯なら、知っている。自分はその時代を生きてきた。そう若いころをふりかえれる読者にも、読み応えはあると期待する。風俗史という分野の奥深さを実感してもらえる一冊でありたいものである。

表題は『ふんどしニッポン』となっている。たしかに、褌は日本の伝統にねざす下着である。とりわけ、ズボンの下へしめるようになってからは、日本的な気配が高まった。上着はみな洋装なのに、下腹部の下着だけが、和風をたもっている。その過程が、褌への視線に民族性の再発見めいた感覚をもたらしたことは、いなめない。

しかし、褌には日本的と言いがたい一面もある。そのことについては、最終章で自論を展開した。これを、肩すかしの妙技とうけとめてくれればうれしいのだが、はたしてどうだろう。

ふんどしニッポン　下着をめぐる魂の風俗史

目次

1

女は
あとまわし

ここに、一枚の古いイラストがある【図1】。

街を歩く人びとは、なにを着ているか。和服か洋服か。その割合は、男女によりどのぐらいちがうのか。以上のような調査の結果を、図解という形であらわしたのがこれである。

じっさいに、路上で観察がおこなわれたのは一九二五年であった。市中を和服でゆきする人は、今よりずっと多い。そんな時代の、これはフィールド・ワークである。調査の対象になった場所は、東京の銀座であった。

敢行したのは今和次郎《こんわじろう》、考現学を提唱した、そのパイオニアである。この図も、そんな今がのこした風俗研究の成果にほかならない。

当時の銀座は、尖端《せんたん》的なモードに身をつつんだ人びとがつどう街だと、されていた。まだ、めずらしかった洋装女性の出没も、しばしば報じられている。また、一九二三年には、関東大震災がたいへんな災害をもたらした。女性の和服は、円滑な避難行動をさまたげると、さかんに喧伝《けんでん》されてもいる。

今《こん》の調査は、そんな教訓をもたらした震災の二年後におこなわれた。のみならず、い

［図１］　今和次郎が銀座でおこなった1925年初夏の服装調査　和服姿と洋服姿の比率を描いている　『考現学 今和次郎集 第一巻』［1971年 ドメス出版］

かにも洋装女性が多そうな銀座で、それは実施されている。洋服をはおった女たちも、けっこうひろいだせたろうと思われようか。

だが、銀座を通る女たちの九十九パーセントまでは、和服を着ていた。洋服姿は、一パーセントしかいない。百人中、わずかひとりという割合にとどまっている。

男たちは、六十七パーセントが洋装であった。三人に二人は、洋服を着用していたという。事態は明白である。近代日本の洋装化は、まず男たちからひろがった。女たちへおよぶのは、かなりおくれたという浸透の過程が、見えてくる。

この三年後、一九二八年にも、今《こん》は同じような調査をおこなっている【図2】。こんどは日本橋で、百貨店へやってくる人びとの観察をこころみた。

男の洋装率は六十一パーセントで、前回とさほどちがわない。むしろ、少しへったぐらいか。しかし、このぐらいの減少幅なら、ぐうぜんに左右された結果だとみなしうる。

いっぽう、洋装女性の比率は、十六パーセントになっていた。まだまだ、少数派である。大半は、和服姿をたもっていたと言うしかない。

それでも、前回の一パーセントとくらべれば、飛躍的にふえている。女たちの洋装化

［図２］　日本橋・三越本店での服装調査　今和次郎はデパート客の和洋比を1928年にもしらべた　初出は『婦人之友』1929年１月号　『昭和二万日の全記録 第１巻 昭和への期待 昭和元年►３年』［1989年 講談社］

には、ようやく一九二〇年代後半からはずみがつきだした。今《こん》の二度にわたる調査からは、以上のような時代の趨勢《すうせい》が、いちおう読みとれる。

　当時のグラフ雑誌をながめたことがある人からは、反論もでてこようか。一九二〇年代後半と言えば、戦前の昭和初期だろう。雑誌や新聞は、よく街頭のスナップ写真をのせていた。それらを見るかぎり、もっと洋装の女性は多かったはずである。なにしろ、モダンガール、モガがはやされる時代だったのだから、と。

私にも、同じ印象はある。当時の新聞雑誌は、もっと高い頻度で洋装女性の写真をとりあげていた。すくなくとも、一九二八年が十六パーセントということはない。まして や、一九二五年の一パーセントはあんまりだ、と。

だが、べつの可能性もある。たしかに、メディアは洋服で出歩く女たちの姿を誌面へ掲載した。それは、そういう人たちが、まだめずらしかったためかもしれない。あまりいないから、ニュース性もあるとみなし、報道したのではないか。

いずれにせよ、女性の洋装化はなかなか前へすすまない。男性と同じようには、進展しなかった。男女のあいだには、数十年にわたるずれがあったと言うしかない。

ここに、一九二九年の男女、若いカップルが描かれた挿絵を紹介しておこう［図3］。『銀座ジャズ風景』（八木原捷一画）と題されている。当時のいわゆるモボとモガをあらわした、一種の漫画である。

見ればわかるように、男性は洋服を着ている。つれそう女性は、和服になっていた。これと同じ構図でデートを表現した当時のイラストは、けっこうある。ねんのためもう

[図３]　銀座ジャズ風景（昭和４年10月）　八木原捷一画
『大正後期の漫画「岡本一平・下川凹天」近代漫画Ⅵ』[1986年 筑摩書房]

一点、『主婦の友』（一九三三年一〇月号）にのった図を引用しておこう［図4］。今《いま》のべた服装の割り当てを逆転させた男女の絵は、まず見ない。たいていのカップル図像は男が洋装、女が和装という形でしめされる。

もちろん、男女ともに洋服という絵も、なくはない。あるいは、両者がひとしく和服を着ている例もある。だが、男が和服で女が洋服というデートの絵は、まれである。少なくとも、私にはあまり見おぼえがない。

ねんのため、ひとことおぎなっておく。和装の中高年男性が洋装の娘をつれ歩き、鼻の下を長くする。そういう構図のイラストなら、どこかで見たような気がする。今《いま》すぐの例示はできないが、記憶のかたすみにある。しかし、年齢がつりあう青年男女の交際をうつす絵に、その図柄はなかったと思う。

昭和の戦前期を生きた写真家たちは、しばしば百貨店の販売員を撮影した。それを、同時代のグラフ雑誌などに、のせてもいる。デパートガールとよばれた女性を、メディアで紹介した。彼女たちは、たいてい洋装で、制服だろうけれども、被写体となっている。デパートへは、はやくから洋服のでまわりだしていたことが、よくわかる。

［図４］『主婦の友』1933年10月号

だが、ことはそうかんたんでもない。一九三五年一〇月の大阪・高島屋百貨店をとらえた写真に、目をむけよう。なるほど、多くの女店員は洋服姿になっている［図5］。勤務着としては、それの普及していたことが、うかがえる。

しかし、出勤の光景を写した写真も、見てみよう［図6］。あるいは、タイムレコーダーで記録をとる姿も、目にとめてほしい［図7］。デパートガールたちは、その大半が和服になっている。

彼女たちが洋服を着たのは、職場のなかにいる時だけであった。外へでる時は、和服に着がえている。行き帰りの通勤中は、和装になっていた。一九三〇年ごろの若い女性は、公道へ洋装でおもむくことを、それだけはばかったのである。

古い写真を、もう一枚披露しておこう。杉野学園という洋裁学校の、卒業式を写した写真である［図8］。一九三一年七月の光景であるという。

生徒たちは、みなドレスに身をつつんでいる。洋装で卒業式には参列した。さすがに、洋裁学校では洋服がうけいれられたのだなと、そう思われようか。

しかし、彼女たちは洋装での通学をいやがった。その姿では、いちども登校しなかっ

［図５］ 大阪・高島屋のデパート店員 職場では、休憩時間もふくめ勤務時は洋装になった 1935年 『決定版 昭和史 第７巻』［1984年 毎日新聞社］

[図6]　朝8時、大阪・高島屋へ出勤する女性たち　そのほとんどは和服姿　1935年　『決定版 昭和史　第7巻』[1984年 毎日新聞社]

［図７］　大阪・高島屋の勤務時間は午前８時〜午後６時、午後12時半〜午後９時の２部制　タイムレコーダーもあった　1935年　『決定版 昭和史　第７巻』［1984年 毎日新聞社］

た生徒さえ、いたという。裁縫の授業にも、着物姿でむきあうのが、ふつうであった。せめて、卒業式には、自作のドレスで参加しろ。学園側から、そう強制され、生徒たちはしぶしぶしたがったのだと言われている。

いや、その卒業式にさえ、ドレス姿ではでかけたがらない者がいた。そんな卒業生たちは、タクシーにのりあわせ、式典会場へきたのだという。公の路上を洋服で歩く姿は、人目にさらしたくない。なるべく、かくしておきたいと、多くの女子が思っていた。洋装推進の拠点とも言う

[図8]　洋裁学校の杉野学園　卒業式でとったスナップ　自作のドレスを着て出席した生徒たち　1931年7月　写真・杉野学園

べき洋裁学校でさえ、そんな状態におかれていたのである（杉野芳子「洋裁十話」『毎日新聞』一九六五年一二月一日〜）。

抽象的な言い方になるが、近代日本の西洋化は公的な領域からはじまった。軍隊、官庁、警察、郵便、といったところから、端緒につきだしている。そして、そういう場へは、まず男たちが参入した。洋装化が男のほうからひろがりだしたのはそのせいだと、とりあえずみなしうる。

いっぽう、女たちはながらく家庭のなかへ、とめおかれた。私的な領域におしこめられる状態が、近代化以後もしばらくつづいている。そして、そういうプライベートな場へは、洋装の文化が、なかなかとどかない。和服が彼女たちの側におそくまでのこされたのも、そのせいだと考えられようか。

しかし、この見取り図では説明できない事象もある。女のほうが先に西洋化をなしとげ、男がおそくまで在来の服装にこだわった。そんな部分が、近代日本の服装史に、見いだせないわけではない。たとえば、水着がそうであり、また下着もその例外にふくみうる。

この本は、その水着や下着に光をあてている。最終的には、男たちの身につけた因習的な水着と下着を、大きくとりあげるつもりである。すなわち、褌《ふんどし》を。これまでの服装史は、これをおざなりにあつかってきた。その見すごされた服装を、クローズアップさせていくことにしたい。

しかし、本題へはいる前に、男たちの洋装化がたどった途《みち》を、ざっとおさらいしておこう。公的な領域へすすんだ彼らは、どのように洋服へ袖をとおしていったのか。そこを、かんたんになぞりたい。

2

男が洋服に着がえる時

周知のように、江戸幕府は、一六三九年以後、西洋諸国との外交をとざしている。オランダだけを例外として、たがいの交流を禁止した。もちろん、外交使節の派遣もゆるさない。オランダにたいしてさえ、商館長の将軍拝謁をみとめただけである。

だが、一九世紀のなかごろには、そんな方針の変更をせまられた。欧米の列強から国をひらくよう、強くもとめられたからである。その勢いにおされ、しぶしぶ幕府は彼らへ門戸を開放しはじめた。

一八六〇年には、アメリカへ外交団をむかわせている。新見正興《しんみまさおき》を代表とする遣米使節である。翌一八六一年には、竹内保徳《やすのり》を正使とする遣欧使節も、ヨーロッパへおくっている。

欧米側は、そんな一行の来訪をおもしろがった。新聞や雑誌は、絵入りの記事を、しばしば報じている。

それらからは、彼らが武家装束をたもちつづけたことも、見てとれる。あちらにあわせて髷《まげ》を切り、洋服を着こなそうとした者は、ほとんどいない。公式のパーティーには、みな狩衣《かりぎぬ》と烏帽子《えぼし》の正装で出席した。もちろん、大小の刀もさしたまま。

一八六二年には、ロンドンで万国博覧会がひらかれた。各国の産業技術が、その精華をきそいあうという趣旨に、興味をいだいたせいだろうか。会場でオールコックが日本物産の展示をしていることにも、あおられた可能性はある。なお、オールコックは、イギリスが日本へ派遣した初代駐日総領事である。いずれにせよ、遣欧使節の一行は、この博覧会を見物しにでかけている。

その様子を、『イラストレイテッド・ロンドン・ニューズ』がとりあげた。一八六二年五月二四日号が、付録で彼らの姿を描いている【図9】。サムライがきょろきょろしている光景をとらえた図像である。この絵は、彼らの身仕度《じたく》じたいが見物の対象となっていたことも、ほのめかす。

野次馬たちにながめられ、うんざりした武士もいただろう。しかし、使節の場合は、西洋に滞在する期間がかぎられる。興味本位のまなざしも、あるくぎられた日数だけがまんをすれば、それですむ。

だが、留学生は彼地でくらしつづけなければならなくなる。好奇の視線を、いつまでもたえぬくというわけには、いきにくい。おのずと、がまんの限界もやってくる。

[図9]　1862年のロンドン万博会場を訪れた日本使節団一行　『描かれた幕末明治 イラストレイテッド・ロンドン・ニューズ　日本通信 1853-1902』[1973年 雄松堂書店]

一八六二年に、幕府はオランダへ留学生たちをむかわせた。赤松則良《のりよし》は、この時にえらばれた留学生のひとりである。留学の記録ものこしている。それらは、のちに『赤松則良半生談――幕末オランダ留学の記録』として、まとめられた。

これによると、旅立つ前、留学生たちは血判をともなう誓約書を書かされたらしい。なかに、「本朝の風俗を改めまじきこと」という一項もあったという。幕府は有能な男子に、ヨーロッパの学問をまなばせようとした。しかし、夷狄《いてき》の風習にそまることは、きびしくいましめたのである。

赤松たちは、その誓約を彼地でも、しばらくまもりつづけている。いでたちは「日本式で押通し」た。だが、いくさきざきで「見物の群衆に囲繞《いじょう》され」、とまどっている。買い物も、そのつど「警察官の保護を受けなければ」、できなくなる。それで、とうとう「一同兇を脱いで洋服に更《か》へ」たのだという。

幕府も留学生も、洋装にはさせない、またなるまいと念じていた。開国へふみきったあとも、身なりだけは日本風をとどめようとする。衣服や髪型には、攘夷《じょうい》へのこだわりをのこしていた。風俗こそが、そんな精神のよりどころになるとみなしていたのである。

一八六三年の年末にも、幕府は遣欧使節を派遣した。池田筑後守《ちくごのかみ》をいただく使節である。もちろん、彼らもみな「日本式で押通し」た。目的地のパリについてからも、「本朝の風俗を」まもっている。

この一行と連絡をとるため、オランダ留学組のうち二人がパリへおもむいた。そして、パリでも野次馬がむらがる使節の様子を、目撃する。そして、二人はアムステルダムへもどり、パリでの見聞を赤松らに報告した。なかに、こんなくだりがある。

「自分たちも経験して来たことであるが、草履《ぞうり》取《とり》の徒輩《ともがら》が臀迄《しりまで》露出して白昼街路を練歩くのを見ては、同胞たる我等は穴へも入りたいやうな心持がした」

文中の「草履取」は、武士につかえる下僕のことをさす。そして、彼らはまだ明るいパリの街頭を、「臀迄露出し」ながら歩いていた。尻をまるだしにしていたという。ようするに、下半身は褌しかしめていなかったらしい。

「自分たちも経験して来たこと」という文句もある。アムステルダムでも、下僕たちは褌だけの下半身をさらしていたようである。パリやアムステルダムの市中を、尻まであらわにしながら闊歩《かっぽ》する。今の日本男児には、なかなかできない振る舞いである。ついつい、あっぱれと声もかけてやりたくなる。

「草履取の徒輩」なら、日本でも尻を露出させながら出歩くことは、多かったろう。夏なら、褌だけの裸身でうろうろすることさえ、あったろうか。

その意味で、彼らは「本朝の風俗」を、良き風俗ではなさそうだが、まもりとおしていた。もちろん、「草履取」にそんな志があったとは言わない。だが、結果的に彼らは「日本式」を堅持している。理屈の上では、幕府の意向に忠実であったと、みとめうる。

少なくとも、とちゅうで洋服に着がえた留学生よりは。

にもかかわらず、彼らは「臀迄露出」した下僕らの姿を、はずかしがる。日本でくらしていた時は、そんな想《おも》いがよぎることなどなかったろう。「草履取」なら、尻をさらす姿も自然な身なりだと、うけながせたはずである。しかし、パリでは見苦しくうけとめた。

日本にいる時は、下僕らを同じ日本人なんだと、なかなか思えない。どうしても、身分のへだたりを強く意識してしまう。たがいに、生まれやそだち、そして教養のほどがちがう。彼らが尻をあらわにしていたとしても、それはしようがない。そもそも、そういう階層にぞくしているのだからと、ほうっておくことができた。

異国の地で、幕府の留学生は「同胞」意識にめざめたのだと言ってよい。「草履取」をも、身分のちがいなどのりこえ、同じ国民としてながめる。そのきざしが、彼らにはある。国民国家へむけての第一歩とでも言うべきまなざしが、形成されだしたのである。

この八年後、一八七二年に明治新政府は、違式詿違《いしきかいい》条例をさだめている。その第二十二条に、つぎのような者は処罰するとある。「裸体《アカハダカ》又ハ袒裼《カタヌギ》シ　或ハ股脚《モモアシ》ヲ露シ醜体《ミニクキ》ヲナス者」。「袒裼」は上半身があらわになる状態を意味する言葉である。「股脚」は股や尻、そして太腿《ふともも》をさす。ようするに、肌はみだりにさらすな、服をちゃんと着ろと言っているのである。

江戸幕府はこういうことに、それほどこだわっていない。肌を露出した庶民については、おおむね見すごしてきた。だが、明治政府は下層社会までふくめ、衣服についての礼節を浸透させようとする。全人民をおおう、国民的な風俗教化にのりだした。

いっぱんに、この政策は明治政権の新しいそれとして、位置づけられやすい。しかし、その根は、幕末からはじまった西洋との交流にもあったろう。下層民のしめす裸体に近い状態は、西洋人にたいしてはずかしい。そう統治階級の者が考えだしたことの、その延長線上にあるのではないか。

それにしても、である。下半身が褌だけという状態で、パリの街を歩けた日本人も、かつてはいた。その事実に、私は大きな感銘をうけている。ざんねんながら、彼らのパリ散策を描いたイラストや写真は、まださがしだせていない。ごぞんじの方がおられれば、ぜひお知らせをとねがうばかりである。

[図10]　1872年サンフランシスコの岩倉使節団（左から木戸孝允、山口尚芳、岩倉具視、伊藤博文、大久保利通）　個人蔵

話を男性の洋装化にもどす。一八七一年にも明治政府は条約改正をめざし、外交団を欧米へ派遣した。岩倉具視《ともみ》を全権大使とする使節である。その幹部たちが、一八七二年にサンフランシスコで記念写真をとっている［図10］。

代表の岩倉だけは、まだ和服に身をつつんでいた。マゲものこしている。だが、足先にはいていたのは洋靴である。いっぽう、ほかの面々は、まったくの洋装になっていた。木戸孝允《たかよし》、伊藤博文、大久保利通に、和装のなごりはない。少なくとも、その表面からは、見いだせなくなっている。

西洋へでかけても、「本朝の風俗を改め」るな。旧幕府のこういうこだわりも、すっかり見すてられたようである。わずかながら、岩倉の装いに、その残渣《ざんさ》がうかがえるといったところだろうか。

3
たたかう洋服

江戸幕府は、欧米へ派遣する使節の洋装を、きびしくいましめた。その点に関しては、開国後も攘夷の志を、たもっている。

しかし、軍隊に関しては、そうでもない。幕府は西洋列強の軍事的な優越性に、はやくから気づいていた。そのすぐれた軍制を、自らにもとりこんでいる。洋服の導入も、軍装にかぎりやむなしと判断した。

一八六一年には、それをゆるす布達もだしている。「外国人之服」も「軍艦」の「船中」や、軍事の「稽古場」にかぎり、「不苦候《くるしからずそうろう》」、と(『続徳川実紀』一八六一年七月朔日条)。西洋軍艦の操作や軍事訓練をしている時は、洋服をみとめるという。換言すれば、それ以外の時は、軍事がらみでもだめだということか。

やはり、本音では洋装をきらっていた。夷狄の衣服など、幕府の兵には着せたくない、と。ただ、軍事力の向上をはかるために、しぶしぶうけいれたのである。

明治新政府は、一八七三年一月に徴兵令をだした。武士にはたよらない、新しい国民軍をこしらえはじめている。そこであつめられた男たちに、この軍隊は洋服を配布した。

その点では、幕府の方針を踏襲したと言ってよい。

以後、軍隊は西洋的な生活様式を普及させる、その推進母胎となる。じっさい、多くの男たちは、入隊後にはじめてズボンや靴をはいた。あるいは、シャツや筒袖の洋服にも、身をとおしている。また、ベッドで寝るくらしにも、なじまされていくのである。旧帝国陸海軍は、日本精神や大和魂を鼓吹した。保守反動思想の牙城である。なんとなく、そう考えている人は、少なくないだろう。だが、生活の実態を見るかぎり、この見方はあたらない。旧軍は、あきらかに西洋化の方向をめざしている。幕府がのこしていた夷狄のくらしぶりにたいする嫌悪感も、ほぼ一掃させた。

一八七七年に、明治新政府は西南戦争へふみきっている。鹿児島で西郷隆盛のもとへあつまった勢力を、軍事的に制圧しようとした。そのために動員された兵たちを、当時の英字紙が図示している。『イラストレイテッド・ロンドン・ニューズ』(一八七七年四月一四日号)の挿画がそれである。洋装化の完了している様子が、よくわかる［図11］。

じっさいにはじまった内乱の様子は、日本の新聞も大きくつたえている。また、錦絵の画題にも、しばしばなった。たとえば、月岡芳年が熊本城下での攻防戦を、描いている［図12］。小林永濯も、田原坂《たばる》の激戦をあらわした［図13］。

[図11]　洋装になっていた西南戦争の政府軍　『イラストレイテッド・ロンドン・ニューズ』 1877年４月14日号 『図説 明治事物起源事典』[1996年 柏書房]

[図12]　『熊本旧城下官軍応戦之図』月岡芳年画　熊本博物館蔵

［図13］『田原坂激戦之図』小林永濯画　熊本博物館蔵

画中の政府軍兵は、みな西洋流の軍服を身につけている。いっぽう、西郷軍のほうは、伝統的な武家装束で描写された。

西郷のもとへむらがった士族たちは、西洋化をいそぐ新政府に反感をいだいている。武士らしいいでたちも、まもっていた。そんな対抗関係も、これらの絵からは読みとれる。あるいは、絵師たちが、今のべたような構図にとらわれていたことを、おしはかれる。

戦争じたいは、政府軍が勝っている。西郷軍は、けっきょく歯がたたなかった。この結末は、少なからぬ人びとに暗示をかけたかもしれない。これからは、ますます洋服が巾《はば》をきかす時代になる。武家装束などは、骨董品《こっとうひん》になっていく、と。

じっさい、政府内では官僚たちの服装も、西洋的なそれへ傾斜する。一八七八年に、中央官庁の官員は、みな洋服を着用するようきめられた。一八八五年には、その決定が三府五港（東京府、京都府、大阪府と横浜港、神戸港、長崎港、新潟港、函館港）の役人へもひろげられている。裁判所の服装が洋服へかえられたのは、一八八一年からである。

そして、そんな方向へ最初に舵をきったのは、軍隊であった。軍が西洋化をすすめる、その先頭にたっていたことは、ここでも確認しておきたい。

一八九四年には日清戦争がおこっている。この戦争は朝鮮（李朝）もまきこみ、翌年までつづけられた。ちょうど、旧幕臣の大鳥圭介が駐清公使のつとめにあたっていたころである。戦争とかかわる対清交渉でも、大鳥のはたらきは見おとせない。

たとえば、京城（現ソウル）で、清国代表の袁世凱《えんせいがい》と対峙したことがある。その様子を、『風俗画報』（一八九四年九月二五日号）が、日本へつたえている。テーブルをはさんで、大鳥と袁がむきあう光景も、絵画化しつつ報じていた［図14］。

大鳥をはじめとする日本側の面々は、みな洋服になっている。いっぽう、袁たち清国側は中国服である。洋服にはなっていない。旧幕府は国外へおくりだす人びとに、命じ

[図14]　京城（ソウル）で洋装の大鳥公使と民族服の清国代表・袁世凱がむきあう場面　『風俗画報』78号　1894年9月25日

ていた。「本朝の風俗を改め」るな、と。それと同じ観念を、清国の使節は、一九世紀末になってもいだいていた。

袁世凱だけが、中国服にこだわったのではない。清国の外交関係者は、中華の伝統をすてて洋服へなびこうとしなかった。いや、政府の要人たちだけが、服装の伝統を重んじたわけではない。末端の兵士たちも、やはり洋服はうけいれていなかった。

それは、捕虜になった清国兵の様子を見れば、よくわかる。その光景を、当時日本に滞在していたジョルジュ・ビゴーが、描いていた。フランスの画家だが、彼はこのイラストを『ザ・グラフィック』紙におくっている。画中の清国兵たちは民族服をまといつつ、洋服の日本兵に連行されていた(一八九五年四月二七日号)[図15]。

清国が西洋化に不熱心だったというわけでは、かならずしもない。すくなくとも、軍事に関しては、新しい方向をめざしていた。東アジア最強をうたわれた北洋艦隊も、そだてている。艦船の近代化へは、日本以上にとりくんでいた。

ただ、服装に関しては、伝統とともにあろうとする。おそらく、清国の要人たちは、洋装の日本人たちを見て、内心あなどっただろう。彼らは西夷《せいい》の胡服《こふく》に、洋服のことだ

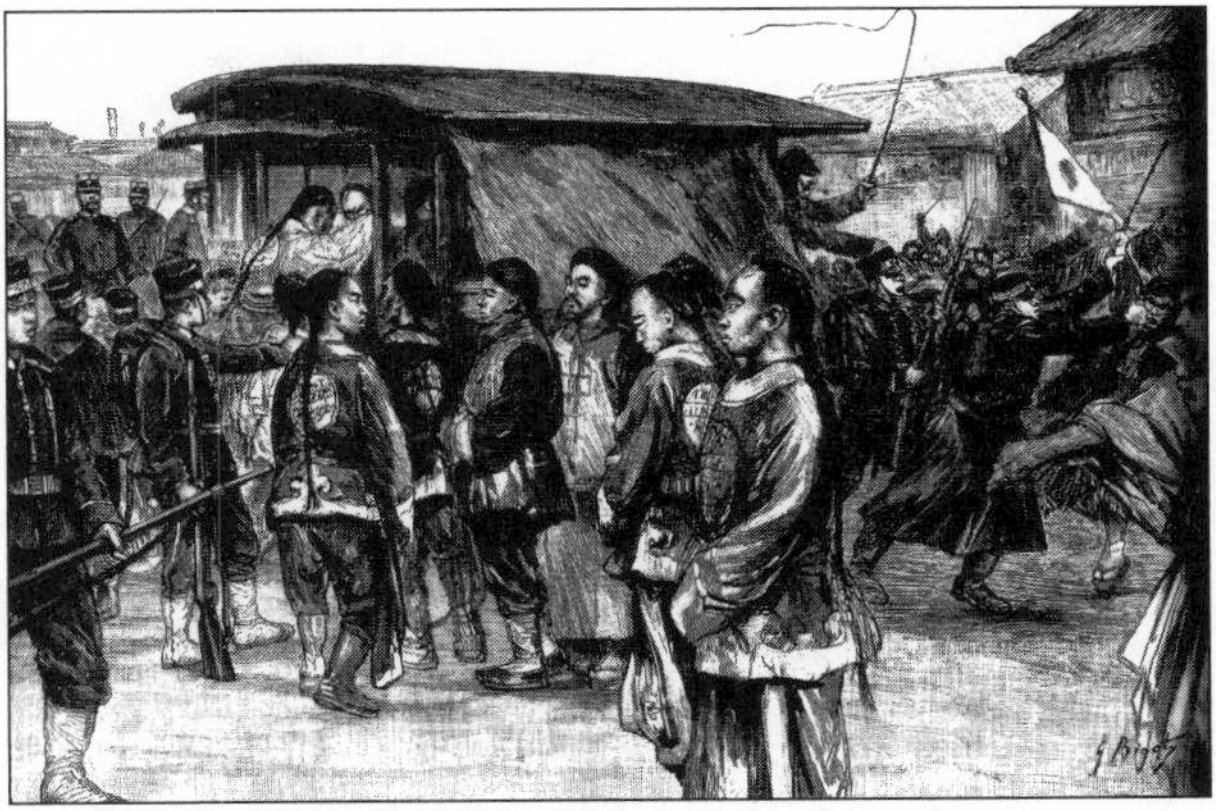

[図15]　新橋に着き千葉県佐倉に護送される清国人捕虜たち　ジョルジュ・ビゴー画　『ザ・グラフィック』1895年４月27日号　『別冊太陽 95 ビゴーがみた世紀末ニッポン』[1996年 平凡社]

が、とびついている。なんとも、軽薄な連中である。戦争で敗れたあとも、そう見下す感情はおさまらなかったにちがいない。

ここまで、近代日本の軍隊は服装もふくめ、西洋化をめざしてきたと、そう書いた。その推進母胎であったとさえ、のべている。この点をきわだたせるため、和服の西郷軍を対比的にとりあげた。あるいは、日清戦争で干戈《かんか》をまじえた清国側のことも。

だが、日本の軍隊装束には、西洋化しきれなかった部分もある。そのことを考えるために、もういちど西南戦争へもどりたい。この戦争には、それを直接目撃した者の記録が、いくつかのこっている。川口武定の『従征日記』も、そのひとつである。これを、しばらく検討していきたい。

川口は政府軍と行動をともにした。そして、その内情を絵にしている。絵日記という形に、まとめていた。写真が、戦場記録としては、まだまだ活用しきれなかった時代である。その図像記録は、戦場のスナップめいた意味をもつ。これを見ていけば、たたかいの推移も、ヴィジュアルな形で読みとれる。

くりかえすが、政府軍の兵士には洋装の軍服が支給されていた。ズボンや靴などが、手わたされている。にもかかわらず、戦地の政府軍兵士は、あまりその靴をはいていない。たいていの者は、草鞋《わらじ》で九州各地を転戦した。

おそらく、当時の西洋靴は重すぎたのだろう。ぬかるんだ地面などでは、足をとられ歩きにくくなったのだと思う。また、なれない靴ばきは、白兵戦での自由な動作もさまたげたにちがいない。けっきょく、なじみのある草鞋にはきかえたということではなかったか。

さきほどは、月岡芳年と小林永濯の錦絵を紹介した。洋服の政府軍が和服の西郷軍と、たたかう。そんな構図の絵を、二点ならべている［図12］［図13］。

どちらの絵も、政府軍の兵には靴をはかせていた。のみならず、その姿で野戦におよばせている。しかし、従軍した川口の日記は、草鞋ばきの政府軍兵士を描いていた。リアルな実景をとらえたのは、戦地を見ている川口のほうであったろう。首都をはなれなかった絵師たちに、そのリアリズムを期待することはできない。彼らは、洋の政府軍、和の西郷軍という対抗図式にとらわれていた。観念的な描き分けから、脱却しきれなかったのだと考える。

とはいえ、草鞋ばきの兵士たちに、伝統回帰の思想があったとは思いにくい。彼らは、戦地の状況をおもんぱかって、草鞋にはきかえた。「本朝の風俗」をまもりたかったからではない。靴では、たたかいにくかったのだと思う。

さて、川口の絵日記には、石丸軍曹の敵情視察へ光をあてた一枚がある。おそらく、河川か池で水面下にもぐり西郷軍陣地へ接近したためだろう。味方にその内情を報告する軍曹は、ほとんど裸体となっていた。褌が局部をわずかにおおうだけという格好で、情報をつたえている［図16］。

［図16］　西郷軍の動きを報告する政府軍の石丸軍曹　川口武定『従征日記』熊本・池田政雄蔵

もう、おわかりだろう。洋装を義務づけられた政府軍兵士も、下ばきには褌をしめていた。西洋風のパンツをはいたりはしていない。シャツの先端で、局部をつつんでもいなかった。「本朝の風俗」にしたがい、褌だけを、いわゆる六尺だが、しめていたのである。

ひょっとしたら、ここにだけは和の伝統が生きていたのかもしれない。ほぼ、全面的な西洋化を、近代日本の軍隊は自らにしいた。その反動でもあったろうか。「日本式」への執着も作動したのだと思う。

このこだわりは下半身の下着、最後の一枚へ集約されたような気がする。結果的に褌が温存された。その可能性も、考えたくなってくる。石丸軍曹が褌に日本刀をさしているらしい様子も、なにやら暗示的である。

しかし、ここでは結論をいそぐまい。軍と褌、そして刀の関係については、あとでくわしく検討することにしよう。その前に、これからは近代日本の水着がたどった歴史を、ふりかえる。褌の民族史的な位置づけを、べつの角度からとらえなおしたい。

4

およぐ時は、またべつで

[図17]　海につかる前の準備運動　水泳の名門、長井小学校の生徒たち
『アサヒグラフ』[1938年7月27日号 朝日新聞社]

三浦半島は、神奈川県の南東で対岸の千葉県とむかいあう。相模湾と東京湾をへだてる半島である。そこの長井小学校が、一九三〇年代に、各種の水泳大会で好成績をおさめた。当時の『アサヒグラフ』が、その活躍ぶりをつたえている（一九三八年七月二七日号）。

なかに、練習風景をとらえた写真がある［図17］。見れば、少女たちはみなスイムウエアを身につけている。タンクトップ型の、西洋からもたらされた水着で、指導をうけていた。

いっぽう、少年は全員が褌姿で、練習に参加している。いわゆる越中型の者はいない。みな六尺、もしくは畚《もっこ》の褌になっている。指導にあたっている大人も、おそらく教師だろうが、褌をしめていた。こちらは、まちがいなく六尺であろう［図18］。

男たちは、伝統的な褌でおよごうとする。だが、女たちは西洋渡来のスイムウエアをまとっていた。三浦半島の長井小学校だけにかぎった光景ではない。当時は、これがごくふつうの遊泳風景になっていた。

東京の、「男女別プール」を撮影した昭和初期の写真がある［図19］。当時の公設プールは、しばしば男女がおよぐ場所を分けていた。その境界には、たいてい高い壁をもうけている。銭湯などで男湯と女湯をへだてるのと同じしつらいを、もちこんでいた。この写真にも、その壁が写っている。

今の若い読者は、こういう分離じたいに疑問をいだくかもしれない。どうして、こんなことをしたのか。その訳をおしえてくれと、問いつめられそうな気もする。しかし、今回私は、そこへたちいらない。男女の装束がちがうことに、興味をしぼる。

あまり写りがよくない写真なので、じっくり見てほしい。壁の右側にいる女たちは、たいていスイムウエアになっている。当時のグローバル・スタンダードだと言ってよい

[図18]　**ふんどしの種類**

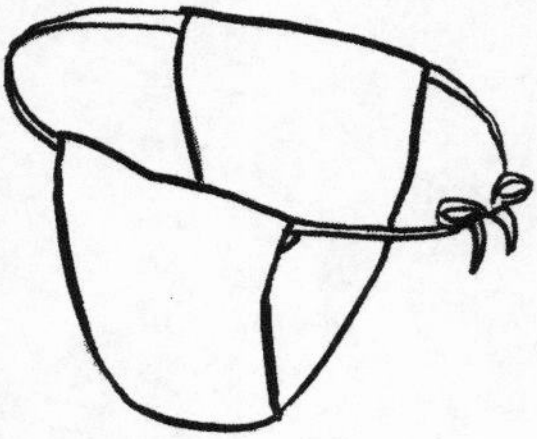

畚（もっこ）
紐と布で、今日のビキニショーツと同じ状態にする。

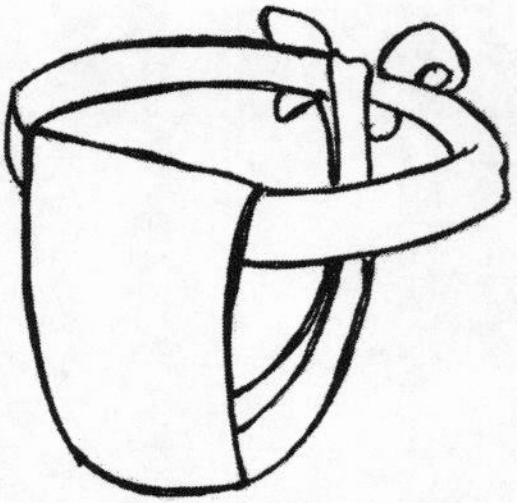

六尺（ろくしゃく）
一枚の布で局部を二重につつむため尻の谷間へ通される布は二筋となる。一重のままで余った布を越中のように前へ垂らす場合もある。

越中（えっちゅう）
腰紐に固定した布を背中側にして、股を包むように前の紐にはさみ、余った布を前に垂らす。

絵・井上章一

［図19］　男女別のプール　昭和初期には高い壁で男女が仕切られていた　『写真集 子どもたちの昭和史』［1984年 大月書店］

[図20]　泳いだあと、プールのバルコニーで着がえる人びと　東京・芝プール　『アサヒグラフ』[1931年7月22日号 朝日新聞社]

水着で、プールにははいっていた。少女も大人の女性も、かわりなく。

いっぽう、左側の男たちは、ほぼ全員が褌をしめている。男児だけではない。大人もふくめて、褌姿になっていた。男性用のスイムウエアは、もう商品化されている時代である。だが、水泳用のパンツをはいた男は、見あたらない。みな、グローバル・スタンダードに背をむけ、民族の伝統にしたがっていた。

『アサヒグラフ』（一九三一年七月二二日号）が、東京のプールをと

[図21]　プールの出入り口で、シャワーを浴びる少年たち　東京・芝プール　『アサヒグラフ』[1931年7月22日号 朝日新聞社]

[図22]　モダンなデザインの東京・芝プール　『アサヒグラフ』[1931年7月22日号 朝日新聞社]

りあげている。「都会の河童《かっぱ》天国――プールの異色特色」という小特集を、くんでいた。

　なかに、芝プールをとらえた写真がある［図20］。やはり、褌だらけである。シャワーコーナーにも、六尺褌だけで尻をさらした男たちが、あつまっていた［図21］。

　モダンデザインのさきがけとでも言うべきか。このプールは、施設の建築的な構えが、一九二〇年代の尖端的な様式でできている。国際的な流行

[図23]　東京・芝プールの女子遊泳区画　『アサヒグラフ』[1935年7月31日号 朝日新聞社]

をおいかけた建築に、ほかならない[図22]。そんな現代建築に民族衣装、つまり褌の男たちはむらがっていたのである。

時代は下るが、『アサヒグラフ』(一九三五年七月三一日号)の写真も、紹介しておこう。同誌は同じ芝プールの女子遊泳区画を、写している。少女たちはみなタンクトップの水着になっている様子が、見てとれよう[図23]。

女はスイムウエアで男は褌。この構図は、敗戦後もしばらくたもたれる。一九五〇年代あたりまでは、ふ

[図24]　水着の女児と赤褌男児２人の後ろ姿　神奈川・鎌倉の海水浴場で進駐軍兵士が撮影　『毎日ムック　戦後50年姉妹篇 カラー新発見 アメリカ人の見た日本50年前』[1995年 毎日新聞社]

つうに見かけられた。とりわけ、子どもたちのあいだでは、それが常態になっていたはずである。

占領軍のアメリカ人が、鎌倉で水着の少年少女を見かけ撮影した。一九四七年の写真だが、女児をひとり、そして二人の男児を写している[図24]。女の子は、スイムウエアを着用していた。男の子は、どちらも褌、いわゆる赤褌になっている。撮影者も、おそらくその対比に興味をおぼえたのだろう。

京都府の丹後、久美浜町の湊海水浴場でとられた写真もある[図25]。「昭和二〇年代後半」のものであるという。

[図25]　京都府久美浜町・湊海水浴場　男児は六尺や畚褌で女児はワンピース水着　昭和20年代後半　田村小学校　『写真が語る明治・大正・昭和の丹後』[1991年 文理閣]

一九五〇年代初頭だが、男児は褌であった。六尺のそれをしめた子が、後ろ姿で写っている。だが、女児はタンクトップのスイムウエアになっていた。

ここに紹介した戦後の写真は、みな子どもたちを被写体としている。ざんねんながら、私は大人が写った遊泳風景のいい写真を、見つけられていない。青年や成人の場合は、どうだったのか。そこが気になるという読者は、おられよう。資料としての鮮度は、ややおちるが、文芸作品の描写で説明をおぎないたい。

石坂洋次郎が『山のかなたに』とい

う小説を書いている。一九四九年の『読売新聞』に連載された。いわゆる新制高等学校の青春を、描いている。

なかに、川井という名の教師が登場する。高校生に、民主主義の意義を力説する先生として、描かれている。ある日、川井は制服の着用という学校のきまりを批判した。こんなのは、もう古い。これからは、自由な服装を、たがいにみとめあおう。諸君、非民主的な学校当局にたいして、ともにたちあがらないか、と。

あおられた生徒のひとりが、しかしこの教師にたずねている。

「するとオレ、川井先生の時間に、水泳のふんどし一つで授業を受けててもいいんですね」

教条的な教師を、からかおうと思ったわけではない。くだんの生徒は、裸に近い格好で授業へのぞむ自分の姿を想像し、おもしろがっていた。

ただ、彼の物言いじたいは注目にあたいする。この生徒は、「水泳のパンツ」と言っていない。水着、海水着、海水パンツという言葉も、つかわなかった。水につかる衣裳としては、「水泳のふんどし」しか思いつけていない。高校生にとってもそれが当時の常識であったことを、この文句はしめしている。

物語の後半で、若い男女が川で水あびをたのしむ様子も、作者はあらわした。水へつかる前に、「女達は納戸で水着に着かえ」ている。いっぽう、男たちは草陰で、着ているものを脱いだ。彼らは「マワシ一つだった」と、石坂は描写する。つまり、褌だけになったというのである。

女はスイムウエアで、男は褌をしめる。戦後の二〇世紀中葉においても、それが標準的な光景となっていた。石坂は、少しだけ時代にさきがけた風俗を、描きたがる作家であったと思う。そんな石坂の青春文学でも、一九四九年なら男は褌だったのである。

こんどは、曽野綾子による『初めての旅』(一九六一年)を、読んでみよう。なかに、二人の青年がでてくる。どちらも工場ではたらく労働者である。そんな両者の、海へいっておよぎたいというやりとりを、曽野はこう表現した。

「泳ぎてえよ。背中もかゆいし」

俺はこれで五日間も風呂に入っていなかった。

「水着をどうする」

「褌を買やあいいさ、金はあるから」

およぐのは、やはり褌でと、一九六一年の男も思っていた。この考え方が、けっこうおそくまで生きのこっていたことを、読みとれよう。

ただし、けっきょく彼らは「褌を買」っていない。「横浜の洋品店で、タオルと海水パンツを買い、俺たちは江の島に向った」とある。じっさいには、スイムウエア、パンツで海辺をたのしんだ。このあたりが、褌からパンツへの移行期になっていたということか。

女性用のワンピース水着は、その原型が二〇世紀のはじめごろに登場した。一九〇七年前後であったろうか。横向きに縞《しま》模様がはいっており、当時はシマウマとよばれていた。肩や上腕、そして腿もおおいかくす水着である。初期の女性用水着と聞かされ、たいていの人が想いうかべるのは、これだろう。

一九二〇年代のなかごろには、より露出度が高まり、上腕の袖がはぶかれる。肩もあらわにさらされだした。一九三〇年代には、腿もおおわれなくなっていく。

シマウマの水着を身につけた女性の、スタジオ撮影による写真は、いくつもある。絵葉書の図柄にも、彼女らの水着写真はつかわれた。評判をよんだことも、たしかである。しかし、すべての女性がこれをまとったわけでは、けっしてない。

これから、しばらく海で水とたわむれた女たちの姿を、ふりかえる。水着の歴史をさぐる人は、今のべたシマウマに、よく脚光をあてる。しかし、二〇世紀のある時期までは、水着じたいを着用しない者も、けっこういた。

さきほども紹介したビゴーが、一九世紀末の千葉県、稲毛海岸を描いている。海水浴の光景だが、女は腰巻一枚という姿で、海につかっていた［図26］。和風の下着が手ばなせないという状態は、褌の男とかわらない。女たちもまた、民族的な装束とともにあろうとすることは、あったのである。

腰巻での海水浴は、東京近郊の海岸でも、一九二〇年代まで見られたらしい。旧大森区、現大田区で生まれた俳優の池部良が、そう書いている。大森海岸の海水浴場には、腰巻で海へはいる女たちもいた、と。

ある日、池部は母娘の二人づれを見かけたという。海水浴客である。「娘は十五、六のようだ。二人とも乳かくしに手ぬぐいを胸に巻いてい」る。「同じ水色の腰巻を締め

[図26]　千葉・稲毛で海水浴をする上流生活の人びと　ジョルジュ・ビゴー画　『日本人の生活』1号　1898年6月　『別冊太陽　95　ビゴーがみた世紀末ニッポン』[1996年 平凡社]

ていた」。そこへ、大波がおそってくる。そのため、腰巻がどちらもまくれあがった。「下半身」は「丸裸になってしまった」らしい。

まだ小学校の高学年だった池部は、その様子をよくおぼえているという。そばにいた「おじさん」の言葉も、いやおうなく記憶にきざまれた。「おい、小僧、いいもん見たな、目がつぶれるぞ」という自分へのかけ声を（『風が吹いたら』一九八七年）。

一九二〇年代のあられもない様子は、当時のメディアも報じている。海水浴場では、しばしばこんな光景もくりひろげられていた。

「若い婦人連が脱衣場を使わず、沢山浴客の居る場所で臆面もなく素っぱだかになりテンと耻《はじ》ない傾向もあり……」（『読売新聞』一九二五年七月一八日付）。

ビーチで「素っぱだかにな」って着がえるのは、やめてほしい。そう、海水浴場の管理者は、注意をしたく思っている。だが、裸の若い女性にとまどい、なかなか声はかけられないという。

海水浴をする日本の女たちには、教養がない。「七・八十パーセントは俗悪野卑」である。なかには、「手拭い一本持ったきりで、いやらしい裸体をさら」す者さえいたという（鈴木伝明「洗練されざる醜さと清楚な姿の美」『婦人公論』一九二九年七月号）。

そう言えば、ビゴーの描いた腰巻だけの女性も、手ぬぐいをもっていた。海水浴と銭湯や温泉への入浴が、区別しきれない人もいたということか。池部の見た母娘は、手ぬぐいを「乳かくし」につかっていた。その点では、まだつつましかったようである。

シマウマの水着だと、肌はあらわになりにくい。露出をおさえているように見える。こういうものを着ていた女性はつつしみ深かったろうと、思えてくる。

たしかに、シマウマを着用した女性は、肌の露出をいやがったろう。しかし、その節度は、こういう水着を買える階層の女性にしか、のぞめない。

海には、水着をあつらえられない人も、やってくる。とりわけ、鉄道がビーチのリゾート地へつうじてからは、その傾向が強くなった。一九一〇年代、二〇年代のことである。

あとでくわしくのべるが、水着は安価にあがなえない。けっこう値のはる商品であった。そして、買えない階層の女たちは、しばしば腰巻と手ぬぐいで、海につかっている。

シマウマの水着だけで、昔の女性をはずかしがりだときめつけるべきではない。なるほど、水着の形状をながめていると、そういうふうに思えてくる。しかし、じっさいの海辺には、水着など着ない女の人も、少なからずいた。まあ、褌だけの男より、その数は少なかったような気もするが。

5 ジェンダーギャップの別局面

女性史の研究者である村上信彦が、『服装の歴史』（全三巻）をまとめている。一九五〇年代の仕事である。その第三巻が、女性に洋装の普及したさきがけとして、海水着をあげている（第三巻、一九五六年）。一八九〇年のイラストに描かれたそれを、ごくはやい例として紹介した［図27］。

この水着については、同じころにとられた写真の記録もある［図28］。のちのワンピース型には、つながらない。だが、いかにも洋服らしい女性水着は、一九世紀のおわりごろに出現していた。前述のシマウマにさきがけて。

ただし、村上はこれを純粋な洋装とみなさない。「キモノと洋服のアイノコ《ママ》みたいなもの」と、評している。

しかし、このウエアと似た海辺の衣裳は、欧米の古い図版でも見かけることがある。ここには、挿絵師のギブソンが二〇世紀初頭に描いたイラストを、紹介しておこう。当時は、このタッチであらわされた女性像が、「ギブソンガール」として話題をよんだ。アメリカのピンナップだが、生活風俗の表現じたいはリアルだったとされている［図29］。

彼女らのまとう衣装は、村上の紹介した海水着の図とも、つうじあう。私はあちらの

［図27］　明治23（1890）年の海水着　村上信彦『服装の歴史』第三巻［1956年 理論社］

[図28]　いかにも洋装らしい女性の水着　『1億人の昭和史　14　昭和の原点　明治下』[1977年 毎日新聞社]

ビーチウエアがとりいれられたのだと、思っている。まあ、いくらかの仕立て直しはあったろうが。また、彼の地では女性がストッキングをはいていた点も、日本とちがうのだけれども。

なお、当時の記録は、しばしばこの海水着を西洋の寝巻になぞらえた。女性看護師の、当時は看護婦とよんだが、その白衣に似ているという声も、ままある。どちらも、舶来の衣裳であ

A-35. The Gibson Girl, in *Life* (New York). *Above:* "Of Course There Are Mermaids," 1902. *Left:* Uncaptioned, 1901. *Right:* "Picturesque America Anywhere Along the Coast," 1901. (Picture Collection, New York Public Library.)

［図29］　20世紀の初頭の海辺をたのしむアメリカ人女性　『ライフ』誌をかざったピンナップのひとつ　チャールズ・ダナ・ギブソン画

る。一九世紀末の日本人も、これを西洋からつたわった衣服だと、みなしていたようである。

今の水着とは、似ても似つかない。いわゆるビキニなどとくらべれば、隔世の感がある。それでも、洋装としか言いようのないウエアを、女性は身につけだした。

導入時期の古さだけをくらべれば、看護服のほうが先行する。一八八七年には、イギリスのナースウエアを手本とした服装が、日本へもちこまれた。明治の貴夫人が鹿鳴館《ろくめいかん》などでまとったパーティードレスをべつとすれば、これがいちばん古

［図30］　明治32年ごろの松山・梅津寺海水浴場　西洋寝巻と言われた水着を着た少女たち　『ふるさとの想い出　写真集　明治大正昭和 203 松山』［1981年 国書刊行会］

い。近代日本の一般女性がはおった最初の洋服は、この看護服であったろうとよく言われる。

ただ、看護服を着用するのは、ナースにかぎられた。それ以外の女性は袖をとおさない。だが、スイムウエアのほうは、よりひろい範囲へひろがる可能性をもつ。また、じじつ普及もしていった。水着こそが女性による洋装の、そのさきがけをなしている。私はそう考える。

一八九九年のことである。この年、愛媛県松山市の郊外に、梅津寺《ばいしんじ》海水浴場がもうけられた。その開設当初に海辺でとられた写真が、のこっている［図30］。

少女たちは、一八九〇年のイラストが描いた海水着を、たいてい着ていた。西洋の寝巻、あるいは看護服のようだとはやされたウエアを、はおっている。

この水着は、はじめ東京近郊の海岸にあらわれた。だが、十年もたたないあいだに、愛媛までつたわっている。伝播《でんぱ》の経路を、愛媛以外の地域までふくめ、くわしく説明する準備は私にない。しかし、それが全国へひろがっていったことは、たしかだろう。

小学校に男女児童が洋服でかよいだしたのは、一九一〇年代からである。女学校の体育がトレーニングウエアをとりいれていくのも、同じころからだと思う。セーラー服をはじめとする洋装の制服が浸透するのは、一九二〇年代からか。

やはり、スイムウエアは、それらの洋服に先行する。女子の洋装は水着からという見方にも、あるていどの妥当性はあると考える。

もういちど、愛媛で撮影された海水浴場の写真を、見てほしい。こんどは、男児に目をむけてみよう。写された少年たちは、みな褌をしめている。日本古来の下着で、海辺をたのしんでいた。

少女には洋服をあたえる。そのいっぽうで、少年には古風な褌を堅持させる。日本社会は、男女の性別におうじて、あてがう水泳衣裳を和洋へ分けていた。女は洋風、男は和風というジェンダー区分を、構築していたのである。

その分類は一九世紀末から、形をなしてきた。そして、男が褌と訣別《けつべつ》する二〇世紀のなかばすぎまで、つづいている。五十年以上にわたって、このジェンダーギャップはたもたれたのである。

冒頭からのべているが、近代日本の洋装は、まず男たちからひろがった。女たちにまでそれが普及するのは、数十年おくれている。彼女らは洋装化の潮流から、それだけとりのこされてきた。以上のような見取り図で、私は一般的な服飾史をまとめている。

大筋では、この見方が正しいと、今も考える。しかし、水着のたどった歴史は、この筋途《すじみち》からはずれている。いや、それどころではない。明白に、正反対の経過をたどってきた。水着に関するかぎり、洋装化は女のほうが男に先行していたのである。

富山県の小矢部《おやべ》市に、かつて砺波《となみ》高等女学校という学校があった。一九二六年から同校は、女生徒たちをつれて海水浴へいきだしている。翌一九二七年からは、島尾海水浴場で水泳の指導も開始した。そのさいにとった記念写真を、ここに紹介しておこう

［図31］　富山・砺波高等女学校は1920年代後半から県内の島尾海水浴場で泳ぎの指導を開始した　『ふるさとの想い出　写真集　明治大正昭和 139　小矢部』［1980年 国書刊行会］

［図31］。

生徒たちの上腕をおおう布地は、よほど小さくなっている。袖をなくしたタンクトップ型の水着をはおる者も、すくなくない。西洋寝巻風と言われた水着は、ほぼ一掃された。富山にも、ニューモードはつたわっている。

ウエアの形や柄は、まちまちである。生徒たち、もしくはその家族が、それぞれ個別に購入していたことを、読みとれる。娘を女学校へかよわせた家である。水着を買うぐらいの経済力はあったということか。

その六年後、一九三三年に砺波高等女学校は、校庭の一角へ自前のプールをこしらえた。同校創設の、十周年記念事業であったという。

［図32］　砺波高等女学校は創立10周年記念事業として1933年に校庭の一角へプールを設営した　その竣工式・プール開き　『ふるさとの想い出写真集 明治大正昭和 139 小矢部』［1980年 国書刊行会］

完成後は竣工《しゅんこう》式、およびプール開きの催しが、とりおこなわれた。その記念写真ものこっている［図32］。

さすがに女学校で、おおぜいの若い女性があつまった。その装いを見るかぎり、洋服の娘はほとんどいない。いくらかまぎれている可能性もあるが、圧倒的多数は和服である。男性の出席者は、ほぼ洋服だったのに。

式典に、男たちは西洋風のフォーマルないでたちで参列する。しかし、女たちがカクテルドレスなどで出席することは、ありえない。ややおごそかな和服で参加することを、余儀なくされてしまう。それが、当時の常識、ドレスコードになっていた。

そういう状況におかれていた女たちも、水泳の講習にはスイムウエアで登場する。洋装と言っていい水着を、着ることができた。それも、男たちが褌から脱却することに、数十年ほどさきがけて。やはり、水着は日本洋装史上の例外なのだと、かみしめる。あるいは、褌こそが例外だと言うべきか。

女学生には一九二〇年代から洋風の制服が、ひろがりだしていた。セーラー服とよばれた洋服が、女学校ではとりいれられるようになっている。水着のスイムウエアだけが、洋装だったわけではない。

とはいえ、多くの女学生は帰宅と同時に、和服へ着がえている。制服を着用したのは、登下校もふくむ学校生活の時間帯に、かぎられた。学校とかかわる、その意味ではパブリックな時間に、限定されている。

だが、スイムウエアはちがう。学校とはかかわらない遊泳の機会にも、着用することができた。プライベートな時間でも、公然と着ることがみとめられている。ふだんは和服でも、この時にかぎり和の伝統からはなれた衣裳が身にまとえる。水泳は、彼女たちにそんな機会もあたえていたのである。

大久保作次郎という洋画家が、かつていた。『海水浴帰り』（一九一七年）という油彩の作品がある。三人の若い女性と、ひとりの女児がならんで、海辺からかえる様子を描いている［図33］。

このなかでスイムウエアを手にしているのは、右から二人目の女性だけである。すくなくとも、そうはっきり見てとれるのは、彼女ひとりにかぎられる。ひょっとしたら、海につかったのは彼女のみだったのかもしれない。あとの三人は、ただ潮風をたのしむためにでかけていたという可能性もある。

いずれにしろ、三人の若い女性は、みな和服で帰路についていた。海辺へは和服でたどりつき、家にも和服でかえる。和服からはなれるのは、およぐ時だけだったという絵に、これはなっている。デパートガールが和服をぬいだのは、店内だけだったことを、いやおうなく想いだす。

左端の小さな女の子は、まだ小学生であろう。そして、都会地の学童は、わりあいはやくから洋服をあたえられていた。これも、そんな都会の女児を描いた絵であったのか

[図33] 『海水浴帰り』大久保作次郎画　油彩・キャンバス　1917年

もしれない。

大佛《おさらぎ》次郎という作家に、『鎌倉案内』(一九六九年)という文章がある。大佛は、一九二〇年代のなかごろに、鎌倉へすまいをうつしていた。ちょうどそのころに見聞きしたことどもを、この文章に書いている。なかに、海水浴への言及があり、なかなか興味深い。

「大正の末年……夏の海岸でも女で海に入って泳ぐのは、小学生のほかは数えるほどで、良家の子女……など、すぐ覚えられて評判となるほど数がすくなく、明治の雰囲気の脈を曳いていた。特に結婚した女性は日傘をさして浜に出ても水着をきることは無かった」

大久保の絵が、鎌倉の海岸を描いているわけではない。しかし、まだ一九二〇年代へはいる前の一九一七年に、制作されている。海でおよぐ女の人は、あまりいなかった。既婚者は日傘で海辺へいくだけに、とどめている。水着などは着なかったという大佛の指摘は、大久保作品の読み解きにもいかせよう。

水着をもっている少女は、ひとりしかいない。『海水浴帰り』のそんな図柄も、あまりいぶかしく思う必要はなさそうである。そういう時代だったのだと、うけとめよう。

余談だが、画中の海辺に脱衣所らしい施設はない。水着をもつ少女も、「素っぱだかにな」って着がえたのだろうか。水着をもたない二人の若い女性は、およがなかったのだと思う。海につかったとしたら、腰巻と手ぬぐいだけになった可能性はある。しかし、この絵からそこまで読みこむのは、つつしみたい。

6

ベルリンに
禅はかがやいて

海やプールでおよぐ男たちは、二〇世紀のなかごろまで褌をしめつづけた。褌だけで、水にとびこんでいる。ここまで、私はそうのべてきた。しかし、例外的な事例もないわけではない。

たとえば、水泳の競技でタイムをきそいあう場合が、そうである。記録ののこる公式の競泳では、はやくからスイムウエアが導入されていた。

とりわけ、オリンピックをはじめとする国際的な選手権には、公認の水着がある。着用できる水着の形状は、ルールで制限されている。そういう競泳の場へ、日本流の褌をもちこむことは、ゆるされない。日本の男子選手も、世界とあらそうケースでは、国際的な水着をまとってきた。

一九三五年の八月には、日米対抗水上競技が、東京の神宮プールでもよおされている。第一回は、一九三一年にひらかれた。一九三五年に開催されたのは、その第二回ということになる。

出場する選手たちをプールぎわへならべた写真が、手元にある。『報知新聞』(一九三五年八月一六日付)のグラビア号に、それはのっている(第一面)。見てのとおり、日米の参加者たちは、みな同じ水着をはおっていた。ちがいがあるのは、胸元にぬいつけた記章だけである［図34］。

［図34］「日米対抗水上競技」を伝える『報知新聞』1935年8月16日付

男子なのに、タンクトップ型のウエアをまとっている。現代人は、そのことに違和感をいだこうか。しかし、当時はこれが男子用の競泳水着になっていた。国際的には、これこそがみとめられていたのである。

さて、この『報知新聞』は第三面に、日本人選手の練習風景も、写真で紹介している。四人の選手が、スタートの飛

[図35]　「日米対抗水上競技」の練習をする日本人選手　褌姿である
『報知新聞』1935年8月16日付

び込みにとりくむ様子を、つたえていた。見れば、四人とも褌をしめている。同じ神宮プールだが、練習中はタンクトップの水着を着ていない［図35］。

　本番へは、国際認定の競泳着で、いどまなければならないことになっている。本番前の練習でも、そちらへ着がえたほうがよかったのにと、思わなくもない。しかし、彼らは褌ひとつの姿で、直前の調整にのぞんでいた。アメリカへの対抗心を、この褌姿にこめていたのかと、考

[図36]　第4回「日米対抗水上競技大会」の開会式　1955年8月5日　神宮プール　『別冊 一億人の昭和史 昭和スポーツ史』[1976年 毎日新聞社]

えたくなってくる。

ショートパンツ型の選手がならぶ、第四回日米対抗水上競技大会の写真もある。これは、戦後の一九五五年に、やはり神宮プールでもよおされた。写されているのはセレモニーの光景である(八月五日)。一万二〇〇〇人の観衆が見まもる、開会式の様子をとらえていた[図36]。

ここで注目してほしいのは、アメリカ国旗をかかげる男のいでたちである。日本人らしいが、褌だけでこの儀式にのぞんでいる。旗竿の下端を下腹部、つまり褌の上でささえているようにしか、見えない。

タンクトップ型の水着は、もうだれも着用しなかった。選手たちは、みなショートパンツの水着で参加している。それが二〇世紀のなかばすぎには、競

[図37]　アントワープ五輪の水泳予選大会会場となった横浜・三笠池で練習する選手たち　1920年4月21日　『庶民のアルバム　明治・大正・昭和「わが家のこの一枚」総集編』[1975年 朝日新聞社]

技水泳の定型となっていた。しかし、そんな時代でも、旗手は褌をしめている。

日本の水泳関係者は、褌をある種の正装だとみなしていたのだろうか。すくなくとも、ドレスコードにもとる装束だとは、思っていなかった。また、アメリカ側もこれをうけいれていたようである。

でなければ、国旗掲揚の係を、褌の男になどまかせるはずがない。そして、一九五〇年代の男は、褌一丁でこのおごそかな役目をはたしていた。今とは、褌のかもしだす印象が、まったくちがう。このいでたちは、礼節にかなうとみなされていた。そんな時代があったのだと言うしかない。

[図37]は横浜の「三笠池」をとらえた写真である。写されたのは、一九二〇年四月二一日。この池では、同年のアントワープ五輪へ派遣する選手の選考会が、おこなわれた。写真には、予選前の練習にはげむ選手の後ろ姿が、おさめられている。

オリンピック選手をえらぶ大会が、池でもよおされた。そのことに、おどろく人は少なくないだろう。しかし、このころの日本に、まだ本格的なプールは、ほとんどない。遊泳用の施設が設営されだすのは、もう少し時代も下ってからである。

ただ、ここでも予選にのぞむ男たちの装束は、見すごせない。事前の練習ではあるが、やはり褌だけをしめている。だれも、パンツにはきかえていない。オリンピックへの代表選考を目前にひかえても、彼らは褌をはずさなかった。

一九三二年には、ロサンゼルスでオリンピックがおこなわれている。男子水泳の候補選手たちは、そのために強化合宿をおこなった。もう、りっぱなプールができている。しかし、参加した選手たちは、あいかわらずみな褌をしめていた[図38]。

つぎに、ベルリン五輪の写真を、披露しておこう。一九三六年に、ナチス党が支配を

[図38]　ロサンゼルス五輪に向けてYMCAのプールでおこなわれた男子候補選手の強化合宿　1932年　『激動の昭和スポーツ史　18　水泳競技』[1989年 ベースボール・マガジン社]

するドイツで、このオリンピックはひらかれた。大会の演出は、ナチスの宣伝政策もあって、はでに展開されている。そんなオリンピックで、日本の男子水泳選手はどうふるまったのかを、見ていきたい。

この大会で、男子は三つの金メダルをとっている。女子も、一種目で優勝した。水泳の日本勢は健闘したのだと、言ってよい。しかし、私はそれ以上に、男子選手の練習ぶりを見て、感心させられた。

ここに、その様子を写した写真がある。名前まではわからないが、日本の

[図39]　“水泳ニッポン”の練習を見るゲーリング空相　1936年のベルリン五輪で　『世界史の中の一億人の昭和史　3　二・二六事件と第三帝国』[1978年 毎日新聞社]

選手がスタートの感触をつかもうとしている。そして、彼らはそこでも褌ひとつになり、プールへとびこむ姿を見せていた。本番のレースがくりひろげられる、その檜《ひのき》舞台となる会場で［図39］。

その背後に、帽子をかぶった太目の男が写っている。会場へ視察にきていたヘルマン・ゲーリングである。当時の航空大臣であり、ナチスの大幹部としても知られている。そんな巨魁《きょかい》の前で、日本男児は褌だけの尻を露呈させていた。

日本国内の予選前にとりくむ練

習ではない。ベルリンの本舞台に、彼らは褌でのトライアルという日本流を、もちこんでいた。やはり、褌という装束には、それだけのこだわりもあったのだろう。あるいは、ゆるぎのない自負心もいだいていたにちがいない。

その執着とプライドは、水泳の上達法をとく往時の書物からも、読みとれる。たとえば、『この頃の泳ぎ方』（太田忠徳著）という本がある。一九二四年に刊行されているが、水泳用の着衣についてはこんな助言をのべている。

「水着はちか頃いろ〳〵出来てゐるけれども……男子はこれを着るよりも昔からある木綿でつくつた例の水着と称する奴の方がはるかによい」

このごろの水着より、昔からなじまれてきたもののほうが、男にはよい。そう書きながら、この本は褌をすすめている。そのしめ方まで、図解をしてもいた［図40］。

京田武男の『図解最新水泳術』（一九二八年）は、褌礼賛の度合いをより強めている。「水着は日本褌をする事」という項目さえ、もうけていた。

いわく、生命保護の点で褌にすぎる水着はない。とりわけ、睾丸《こうがん》保護にはすぐれた効果を発揮する。遊泳時に股をひらく動作も、褌をしめれば「非常に楽である」……。その他、さまざまな理由をあげて、水着は「日本褌に限る」と、うったえた。

斎藤巍洋《たかひろ》の『水泳』（一九二九年）は、かならずしもスイムウエアを否定していない。「身体の弱い人は日光の直射を避ける為めに水泳着を用ゐるがよい」という。虚弱者にはむいていいるとする論法で、肯定的な見方もしめしていた。

だが、そのいっぽうで「普通健康体の者」には、褌と猿又《さるまた》をすすめている。ただし、

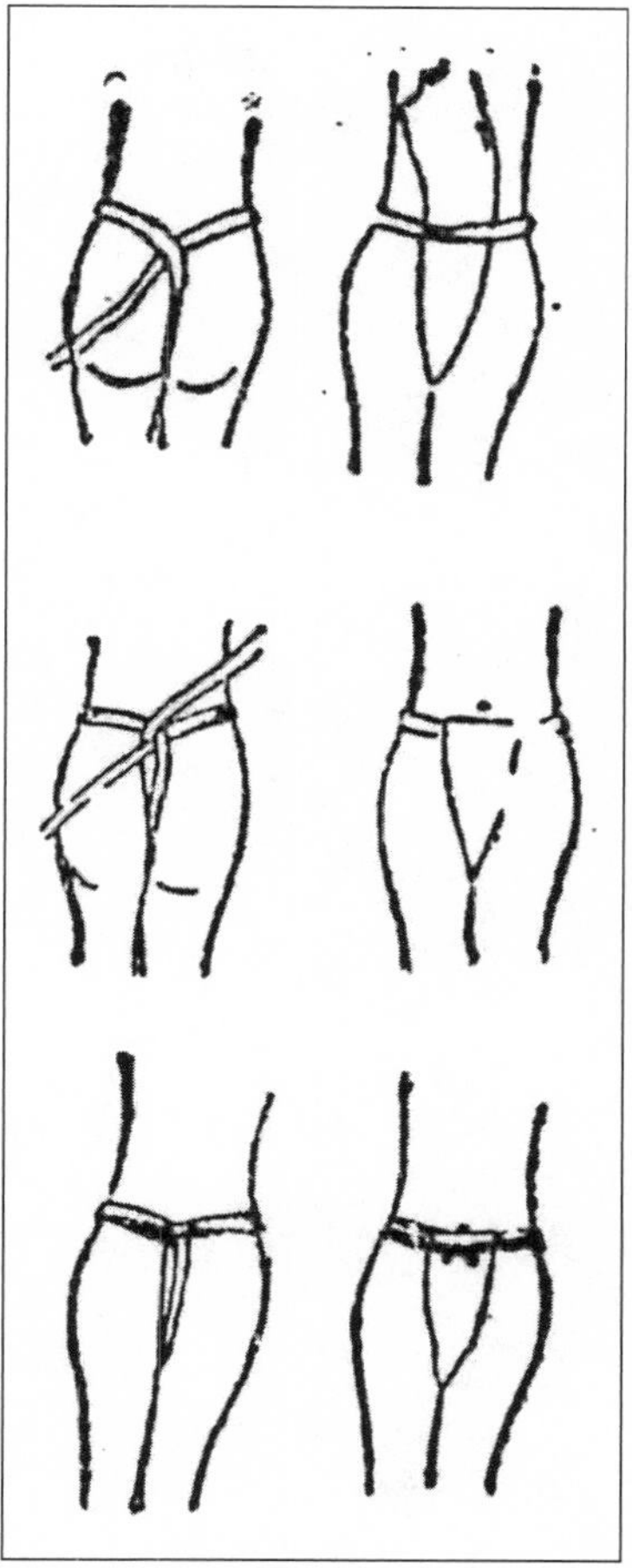

［図40］ 心地よい褌のしめ方指南 『この頃の泳ぎ方』 太田忠徳著 ［1924年 朝香屋書店］

この本が用意しているイラストに、猿又の図はない。もっぱら、虚弱者用のウエアと健康体むきの褌だけで、泳法をといている。けっきょく、著者が推薦しているのは褌だけということになるのだろう。

日本の男たちには、古式泳法の伝統がある。古くから、彼らは褌で水練をつづけてきた。その歴史があって、褌には自信がもてたのだろうか。とにかく、欧米のスイムウエアとくらべ褌がおとるとは、考えてこなかった。むしろ、優越感さえいだいている。

もちろん、国際大会にはグローバルなきまりがある。レースの本番へ褌でいどむことは、かなわない。そのことは、彼らもわきまえていた。だからこそ、事前の練習には褌でとりくんだのだと思う。ほんらいはこちらのほうがいいのだと、どこかで考えつつ。

7

華族の下半身

「フジヤマのトビウオ」という呼び名がある。古橋広之進という水泳選手につけられた呼称である。

戦後の一九四九年に、アメリカからまねかれ古橋は全米選手権へ出場した。そして、百メートルの自由形で世界記録をだし、優勝する。さらに、四百、八百、千五百の同種目でも一位となった。「トビウオ」は、そんな古橋にアメリカのメディアがあたえたニックネームである。

もちろん、全米選手権に古橋はショートパンツ型のスイムウエアで参戦した。いや、国内の諸大会にも、パンツタイプの水着で出場している。古橋もふくむ、当時の日本大学水泳チームを写した写真がある。シャワーをあびる選手たちは、みなその水泳パンツでカメラにおさまっていた【図41】。

古橋の勇姿は、『アサヒグラフ』（一九四八年七月七日号）にものっている。「世界記録樹立直後の古橋選手」と、キャプションにはある。そして、被写体の古橋は褌をつけていた。パンツははいていない。どうやら、競技がおわるやいなや、すぐ褌に着がえていたようである【図42】。

古橋や日大の水泳部は、当時大きな脚光をあびていた。敗戦後の日本に希望の光をもたらしたことで、ちょっとしたヒーローになっている。新聞や雑誌は、競技場からはなれたところでも、彼らへの取材をこころみた。

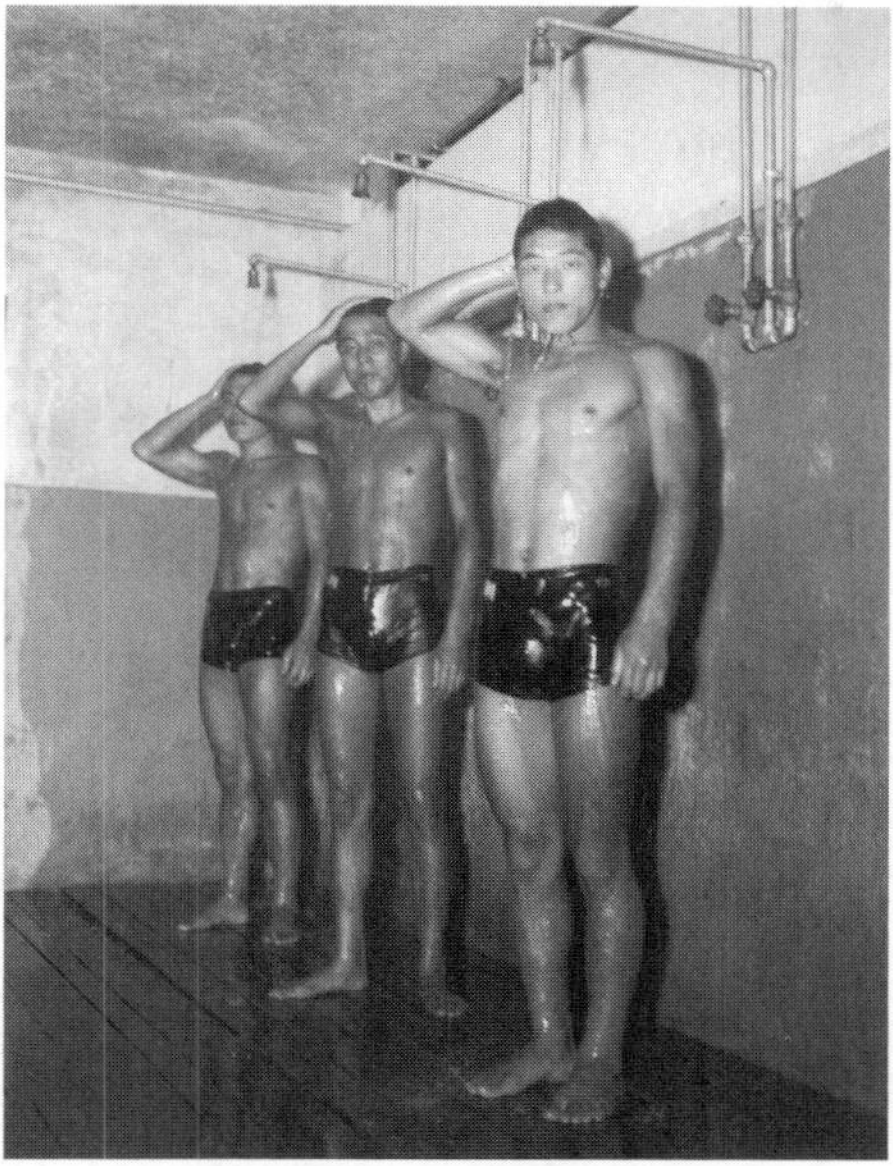

［図41］ 日本大学水泳部の選手たち（手前は古橋）がシャワーをあびている 1947年の光景 『毎日グラフ別冊 サン写真新聞 2 昭和22年』［1989年 毎日新聞社］

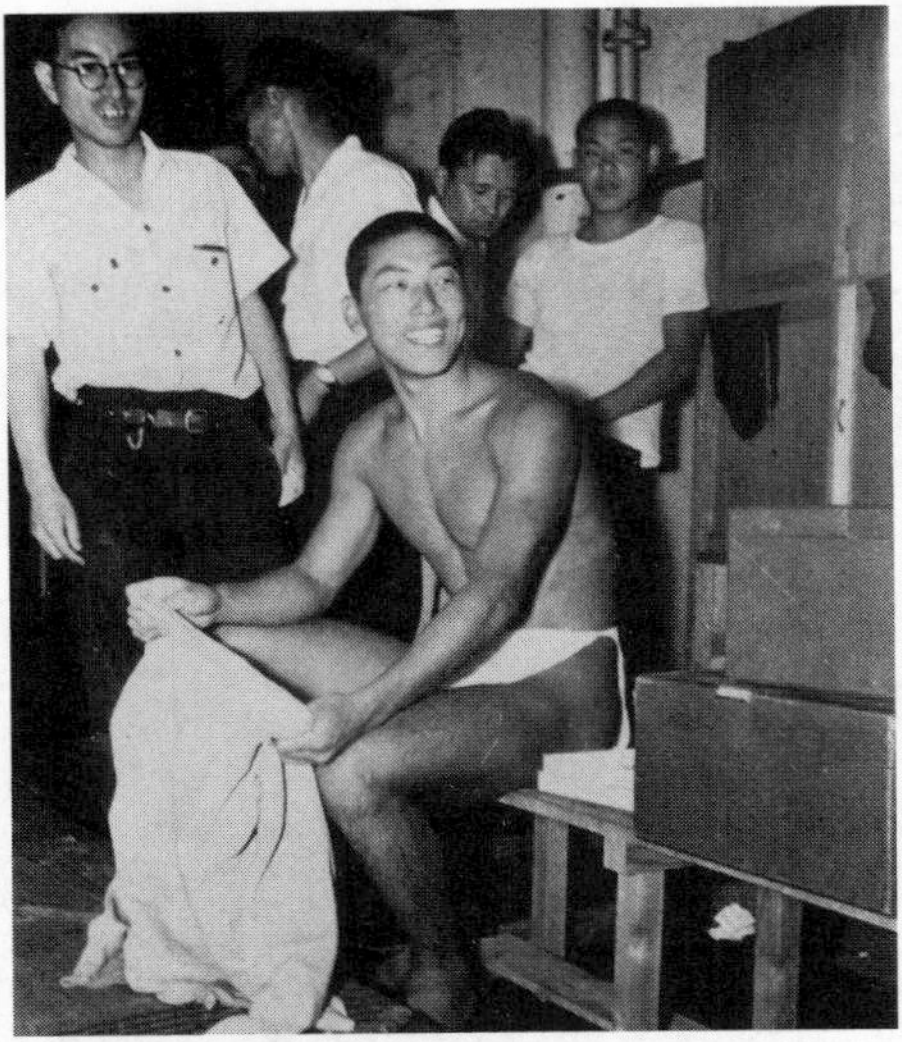

［図42］　競技が終わると褌姿になった古橋広之進
『アサヒグラフ』［1948年7月7日号 朝日新聞社］

食料不足が、深刻な社会問題にもなっていた時代である。日大の水泳部も、合宿所の脇に農園をかまえていた。自家栽培で、カボチャやトウモロコシなどの収穫に、つとめている。そして、そんな様子もメディアは、しばしば報じていた［図43］。

　農園内の彼らは、みな褌をしめている。誰もパンツなど、はいていない。戦前以来の褌をほこらしく想う考え方が、まだのこっていたのだろうか。

　一九五一年に日大水泳部へはいった佐坂宏夫が、興味深い回想を書いている。

「今では考えられないことだが、公式試合のときは、主催者が選手にパンツを貸し出し

［図43］　東京・碑文谷の日大プールわきにあった自作農園で収穫する選手たち　右が古橋広之進　1947年　写真・毎日新聞社

たものである。リレーなどで一度に多数の選手が出場するとき、パンツが足りないことさえあった。女子の水着が六百円、男子の水泳パンツが三百円ほどだったが、高価でなかなか買えなかった」（『わが青春の日大水泳部』一九八六年）。

この想い出は、戦前をふりかえる章におさめられている。ただ、「三百円」や「六百円」という値段で、戦前の水着が売られていたとは思えない。戦後の様子を書いているのだろうと、判断する。

私の手元に、第二回日米対抗水上競技大会（一九三五年）のパンフレットがある。そこにスポーツ用品のミズノが、当時は美津濃だが、男子用競泳着の広告をのせている。「絹製　¥五・五〇、綿製　¥一・五〇〜¥二・五〇」とある。高価なものでも五円五〇銭におさまっている。「三百円」などは、戦後の価格だと言いきれるゆえんである。

ただ、戦時下、とりわけ対米戦争以後、日本はひどい物資不足におちいった。平時むきの生活用品などは、あまりでまわらなくなっている。水着も、供給はあとまわしにされただろう。戦後もしばらく、耐乏生活はつづいたはずである。

試合の主催者が選手に、競泳用のパンツを貸しあたえる。そういうことも、物資のなかった一九四〇年代には、あったのだろうか。ただ、古橋や日大水泳部まで、その被害をこうむったのかどうかは、わからない。

いずれにせよ、パンツが高価だったという指摘は重要である。ここまでは、褌が文化的にうやまわれてきたことを大きく見つもり、話をすすめてきた。民族的な伝統だから、水泳選手たちも、なかなか手ばなせなかったのだ、と。

しかし、値のはるパンツには手がだしづらかったのかもしれない。褌は安あがりだから、のちのちまで愛用された。その可能性も、検討されるべきだろう。

[図44]は、二〇世紀のはじめごろに撮影された。男子用のスイムウエアを写した写真である。右の男児は、当時シマウマ風とはやされたそれを着ている。左の少年がはいているのは、ショートパンツ型の水着であった。

こういうウエアも、洋品店などでは売られていたろうか。しかし、じっさいの海岸では、二〇世紀のはじめごろだと、ほとんど見かけない。古写真にのこる海辺の遊泳客は、男の場合おおむね褌姿となっている。じっさい、この写真も海ではとられていない。撮影はスタジオですまされている。

海や川へつかるためのウエアを、わざわざ購入する。あるいは、洋裁でこしらえる。そこまでふみきった人は、ごく少数にかぎられた。そんなことをしなくても、褌が身近にある。水泳の場合も、それでじゅうぶんことたりた。貧しい人びとにかぎらず、スイムウエアを新調する者は、めずらしかったろう。

ここに、海水浴をたのしもうとする貴顕たちの集合写真がある。撮影された場所は、千葉県の北条海岸にある堀田伯爵の別荘であった。そこへ、萬里小路《までのこうじ》家の、妻の実家だが、面々もあつまり遊泳着で記念写真をとっている。写されたのは、一九〇九年か翌一

[図44]　あまり普及しなかった明治40(1907)年ごろの男子用水着
『東京下町100年のアーカイブス—明治・大正・昭和の写真記録—』[2006年 生活情報センター]

［図45］　海水浴へのぞむ堀田家と萬里小路家の記念写真　千葉県の北条海岸にある堀田伯爵の別荘で　1909〜10年『日本の肖像　第二巻　旧皇族・華族秘蔵アルバム 弘前・津軽家　佐倉・堀田家　水戸・徳川家分家』［1990年 毎日新聞社］

〇年であったという［図45］。

　女性は、その大半が［図27］と同じようなウエアを、身につけている。西洋の寝巻や看護服に似ていると評された水着である。シマウマ柄のそれできめこむ人も、二人まじっていた。数をくらべれば、しかし前者のほうがはるかに多い。モードは、まだかわりはじめてまもないころだったようである。

　男性は、ほぼ全員が褌をしめていた。小さな男の子が、ひとりだけシマウマの水着を着せられている。堀田や萬里小路のような華族でも、たいてい褌だったのである。

［図46］　神奈川・江ノ島西浜の海水浴場に乗用車で乗りつけた一家
1927年　『決定版 昭和史 第5巻』［1984年 毎日新聞社］

彼らに、舶来のスイムウエアをあがなう経済力が、なかったわけではない。それでも、男たちは褌で海辺をたのしんだ。洋風のウエアは、もっぱら女たちに供されていたのである。

つづいて、マイカーでビーチへでかける遊泳者の、先駆的な映像を紹介しておこう。この写真は、神奈川県の江ノ島海岸へ車でおとずれた家族を、とらえている。撮影されたのは、一九二七年であった［図46］。

被写体となったのが、どこの誰なのかはわからない。しかし、とにかく彼らは一九二七年にマイカーで、リゾートをたのしんだ。経済的にゆとりのあった人たちである

［図47］　元華族の音楽家・近衛秀麿（褌の成人男性）が静岡・沼津の別荘に戦災孤児たちを招待したとき　1947年　『毎日グラフ別冊 サン写真新聞2 昭和22年』［1989年 毎日新聞社］

ことは、まちがいない。そして、そんな富裕層にぞくする男も、海へは褌でむかおうとしていた。

作曲家の近衛秀麿が、戦後の沼津で海水浴をたのしむ光景も、写真になっている。『サン写真新聞』（一九四七年八月一三日付）に掲載された一枚が、それである。やはり、褌で海にはいっている［図47］。

近衛公爵家の、彼が次男であることは、ひろく知られていよう。あるいは、その兄が総理大臣となった近衛文麿であることも。海水パンツが買えない家の人では、もちろんない。にもかかわらず、海へは褌姿ではいっていた。

くどいが、あと一枚、さきの天皇が皇太子時代にとられた写真を見てほしい。一九四七年に写された姿だが、やはり褌をしめている［図48］。

なるほど、貧しい人はスイムウエアと無縁であったろう。だが、富裕層とみなせる男たちも、そういった水着には、あまりとびついていない。低所得者層と同じように、褌ですますことが多かった。まあ、褌の布地では、差をつけていたかもしれないが。

男が褌でおよぐ習慣は、やはり民族の伝統に、なにほどかささえられている。貧富の差もこえて、日本人ぜんたいをつつみこ

［図48］　夏休みを沼津御用邸で過ごす皇太子時代の上皇さまと義宮さま
1947年7月24日　写真・朝日新聞社

んでいた。そのことは、否定しがたいと考える。

さて、日大水泳部の栄光をふりかえりつつ、佐坂宏夫は書いている。かつての水着は男物が「三百円」、女物が「六百円」で、たいへん高かった。だから、自分たちは「なかなか買えなかった」のだ、と。

女物のほうが高価につくのは、今もかわらない。そして、戦前も同じであった。たとえば、三越百貨店の海水浴用品広告（一九二三年）に、こうある。「男子用　八十五銭より九円まで、女子用　一円五銭より十八円五十銭まで」、と。

そう、やはり「女子用」は「男子用」より、値がはった。高級品をくらべれば、倍以上もの価格になったのである。

にもかかわらず、スイムウエアは女子のほうから普及した。男の子を褌のままですませても、女の子には商品化された水着をあてがう。つまり、経済的には息子より娘のことで背のびをする家が、たくさんあったのである。だからこそ、男は褌、女はスイムウエアという二〇世紀なかばまでの光景もなりたった。

水着は高かったので、なかなか買えない。だから、褌がつかわれつづけた。この理屈は、より値段の高い女子の水着が、先行的にひろがったことを説明しきれない。やはり、経済事情ではときほぐせないジェンダー問題が、ここにはひそんでいると考える。

女性の場合は、肌の露出をさけなければならなかった。男性とちがい、褌一本ですますわけにはいかない。だから、西洋寝巻とよばれる、首から下の全身をおおうような水着がえらばれた。上腕や腿をかくすシマウマのウエアも、愛好されている。それだけ、女性にはつつしみが、より強くもとめられた。

西洋風の水着が、女性にかぎって受容されたのも、そのせいだと思われようか。しかし、肌をかくすということなら、和服にだってその機能ははたせたはずである。伝統的な水練に、男たちが褌でとりくんだことは、さきほど説明した。その水練に、女たちは襦袢《じゅばん》と腰巻でむきあっている。

そして、男は和の下着を、一九世紀末以後の海水浴にも、使用しつづけた。ならば、女たちも同じで、和の水練装束をつかいつづける途は、ありえたはずである。ジェンダーギャップが、ほんとうにないのなら。

いや、襦袢と腰巻だけにかぎる必要はない。神仏祈願の前に、日本の男女はしばしば

［図49］　北海道登別温泉にあった戦前の打たせ湯　絵葉書

水をあびて、身をきよめた。いわゆる水垢《ご》離《り》だが、男子は褌だけ、そして女人はそれ用の白装束になっている。水びたしになる、あの伝統的な装いをいかす手もあったろう。まあ、腰巻だけで海へはいる者も、じっさいにはいたのだが。なお、水で身をきよめる女性がまとう衣裳は、神事を論じる17章にもしめしておく。

　ここへ、絵葉書におさめられた写真を、紹介しておこう。戦前の登別温泉でとられた、温水にうたれる男女の写真である。後列左端、および左から五人目の女性は、和の装束で水にあたっていた。こういいでたちで、海や川へつかる手も、理屈だけを考えれば、ありえたろう［図49］。

しかし、一九世紀末以後に水泳用の衣裳をはおった女たちは、和装から目をそむけた。洋風のそれを、海水浴のおりにはあつらえたのである。

あるいは、こう言いかえたほうがいいかもしれない。当時の家父長は、妻や娘に洋風のスイムウエアをあてがった。当の家父長じしんは、和の伝統を体現する褌でおよいだのに。

階層の高い男たちは、はやくから洋服に身をつつみだしている。そのいっぽうで、妻や娘たちには和服を買いあたえた。自分は洋、家内の女たちは和というこだわりを、ずいぶんあとまでいだいている。にもかかわらず、水着では正反対の態度をとった。妻や娘には洋、自分は和というスタンスを、たもちつづけたのである。

8 女人退散のいでたちに

学習院という学校がある。もとは、華族の子弟がかよう教育機関として、一八七七年に設立された。一九四七年からは、一般的な私立学校になっている。

同校の中等部には、生徒を遠泳できたえるならわしがある。毎年の臨海学校で、三キロほどの距離をおよがせてきた。そして、これに男子生徒は赤い下帯、つまり赤褌で参加する。それがルールになっている。

陸軍大将・乃木希典《のぎまれすけ》が院長をつとめた時代に、このきまりはつくられた。以後、赤褌による遠泳は、学習院の伝統行事となる。院長の乃木が、褌だけの生徒にとりかこまれた記念写真も、のこっている［図50］。

学習院へ息子を入学させようとする親のなかには、そこでためらうむきもいるらしい。電脳媒体の掲示板へ、その不安が書きつけられることもあるという。朝日新聞出版編集部の田島正夫さんが、こんな投稿を見つけてくれた。

「多感な年頃の中学生にとって苦痛に感じる場合もあるのではないか？　と少し不安があります」（『インターエデュ』二〇〇八年二月一〇日付）。

これにたいし、在校生の保護者たちがこたえている。気にすることはない。なれれば、

［図50］　学習院恒例の遊泳合宿を率いる乃木希典院長（中央・首から布を下げる）　神奈川・片瀬海岸　1908年７月　東京・国立市・増田馨蔵

平気だ。褌でしりごみをして、学習院をさけるのは、子どもにかわいそうである、などなどと。

だが、平気だと応答した在校生の母親は、同時にこうも書いていた。中学から学習院にきた子は、「はじめこそ、恥ずかしがっていたようですが」、と（同前）。やはり、なれない生徒は、羞恥心をいだくようである。褌の強制を「苦痛に感じる」子だって、いるのではないか。その点が心配だという親のいることじたいは、じゅうぶんうなずける。

『ＹＡＨＯＯ！ ＪＡＰＡＮ知恵袋』でも、似たようなやりとりはあった。学習院の褌って、どうなの（二〇二〇年八月一三日付）。なれれば、だいじょうぶ（一四日付）。「でも普段やってたら周囲の目は冷ややかかも」（同日付）と、応酬はつづいている。

じつは、学習院以外に、開成学園や巣鴨学園でも、褌の遠泳がおこなわれてきた。しかし、現代の日本社会が褌での水泳を、全面的にうけいれているとは言いがたい。「中学生にとって苦痛」、「周囲の目は冷ややか」というほうが、大勢をしめていよう。

褌でおよぐのは、みっともない。水泳パンツのほうが、違和感なくすごせる。今の日本では、それが平均的な感受性になっている。じっさい、学習院などをべつとすれば、ビーチやプールで褌の男を見かけることはない。少年のみならず、老人にいたるまでパンツを着用するのが、常識になっている。

それに、どうだろう。学習院などで褌になじんだ生徒も、卒業後はそれをパンツへあらためそうな気がする。一般成人となったあとでも褌に執着するのは、よほどの少数派であろう。

では、いったいいつごろから、褌ははずかしがられるようになったのか。そんな問いも、おのずとうかんでくる。しかし、これは、人の心性にかかわる微妙な設問である。

［図51］「ユカイナカイスイヨク」河目悌二画　1938年『幼年倶楽部』

西暦何年からと、正確な年代をひねりだすことはできない。ただ、おそくとも一九三〇年代の後半には、羞恥心のめばえがあったと思う。

ここに、「ユカイナカイスイヨク」と題されたイラストがある。『幼年倶楽部』（一九三八年）にのっている。描いたのは河目悌二であった。子ども用のとびこみ台へ、男児のむらがる構図になっている［図51］。

褌をしめている少年は、ひとりもいない。全員が、水泳パンツを身につけている。じっさいの海では、多くの男児が褌姿になっていた。このイラストは、そんな一九三〇年代の現実から、目をそむけている。

ただ、画像を掲載した大人たちは、パンツのほうがいいのにと思っていただろう。イラストレーターと編集部の、どちらがそう強く感じていたのかは、わからない。だが、褌をさけたいという判断のあったことは、じゅうぶん読みとれる。

つづいて、青年の水泳装束に目をむけたい。戦前の競泳選手は、しばしば褌で非公式の練習にとりくんだ。だが、正式の大会には、タンクトップ型の水着を着用しつつ、いどんでいる。それと同型の水着をまとうビーチの青年像も、一九三〇年代には多数あらわされた。あるいは、ショートパンツ型の水着に脚をとおす男の絵も。

なかから四点、特徴的なイラストを紹介しておこう。以下、年代順に列記する。

北沢楽天画『時事漫画』一九三〇年八月二四日号［図52］。

細木原青起画 一九三〇年［図53］。

宮本三郎画『主婦の友』一九三六年八月号［図54］。

蕗谷虹児《ふきやこうじ》画『令女界』一九三七〜三八年［図55］。

さらに、作画者は不明だが、つぎの一枚もくわえたい。

［図52］ 海浜の黙劇 だんまり号 北沢楽天画 『時事漫画』 1930年8月24日号 ［提供「さいたま市立漫画会館」］

『婦人画報 上旬版　女の急所 男の急所奥の奥』一九三五年九月号［図56］。

いずれも、水着姿の若い男女を描いている。［図52］の絵では、まだそれほど関係が深まっていない。男はふたりの女にはさまれ、だまりこんでいる。だが、［図53］の男は女にちょっかいをかけていた。［図54］の男は、若い娘にかこまれている。［図55］の男女は、親密性の度合いが、きわだつ。恋人どうしであろう。

たがいの関係は、絵によりことなる。しかし、男女のあいだがあらわされている点は、かわらない。これから深まるか、もう深くなっているのか。そのニュアン

[図53] 夏の女風景 細木原青起画 1930年 『さしえの50年』[1987年平凡社]

[図54]　ポータブル　宮本三郎画　『主婦の友』　1936年8月号

スに差はある。いずれにせよ、さまざまな交際の形が描かれている点では、つうじあう。

そして、これらのイラストに褌の男はでてこない。みな、スイムウエアになっている。ここに紹介した五枚だけが、褌をさけたわけではない。ビーチでくりひろげられるセクシュアルな気配を、かもしだそうとする。そんな絵は、私の見たかぎり、褌の男を描いてこなかった。

女が男に秋波をおくる。男が女にギャラントリーをしめす。ビーチを舞台とするそういう絵に、褌が似つかわしいとは思われていなかった。逆に、褌はコケテイッシュな気配をぶちこわすと、そうみなされていたようである。少なくとも、一九三〇年代には。

女たちの媚態《びたい》とビーチでむきあう男たちは、スイムウエアの姿で表現されてきた。タ

［図55］　蕗谷虹児画　『令女界』1937〜38年の挿絵［©Koji Fukiya］

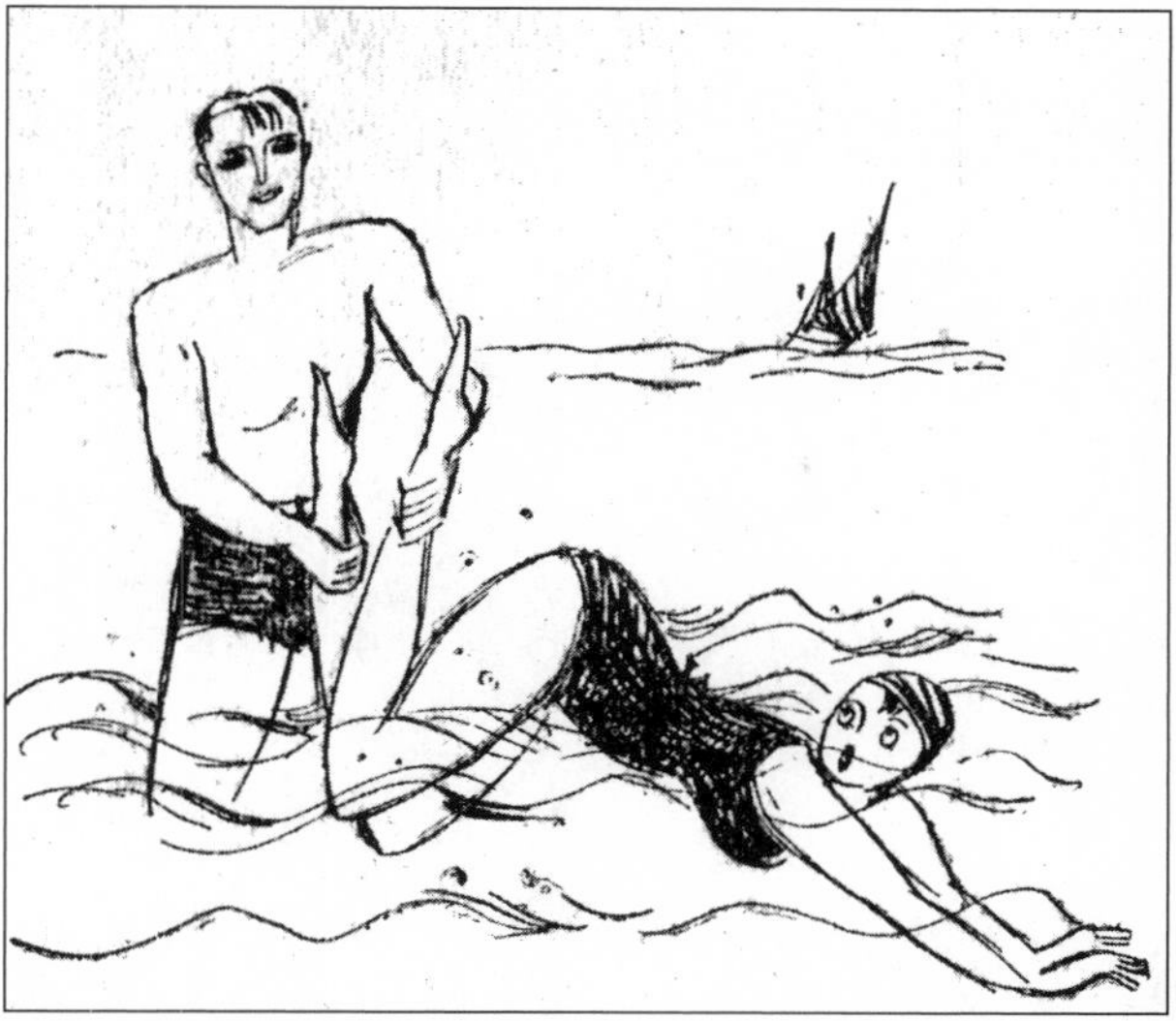

［図56］『婦人画報 上旬版　女の急所 男の急所 奥の奥』 1935年9月号

ンクトップ型だけにかぎらない。パンツ型の水着で、女とは親密性をたもとうとする男の図も、表現されている［図54］［図56］。

ただ、数をくらべれば、タンクトップ型のほうが多い。それは、じっさいに前者のほうが後者を、数量で上まわっていたからだろう。一九三〇年代に、まだパンツはそれほどでまわっていなかった。パンツに、タンクトップほどの性的な訴求力がなかったせいでは、けっしてない。

ようするに、男のスイムウエア

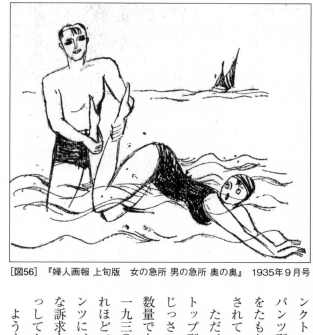

は軟派な水着だとみなされていた。褌とくらべれば、軽薄に見える。ちゃらちゃらしてうつる。そういう水着として、両大戦間期に浮上しだしていた。あるいは、モボを自称するような男たちのビーチウエアと言うべきか。

[図57]は、一九三一年の神奈川県・逗子海岸を写した写真である。砂浜で、何人かの女たちとタンクトップ水着の男が、縄とびに興じている。若い男女がたわむれあう構図になっていた。そして、私は一九三〇年代のこういう写真に褌の男を、まだ見つけられていない。褌は男女交際という輪の、外側におかれていたのだと考える。

戦後、二〇世紀のなかごろからは、水着のスイムウエア化が進行した。褌は駆逐されるようになっていく。その推移は、またあとでくわしくのべる。とにかく、男たちの水着も女たちのそれから数十年おくれ、西洋化されていった。

けっきょく、一時期はちゃらいとみなされた水着が、男性水着の全体を制圧したのである。戦後に男女交際の自由度が高まったことも、この趨勢をあとおししたと、私は考える。

ただ、思春期をむかえる前の少年たちは、軟派であろうとする意欲を、さほどいだかない。戦後の海岸でも、男児は比較的おそくまで褌姿を温存した。青年たちのほうが、はやくからパンツに着がえだしている。その差は、性にめざめる時期をむかえたか否か

［図57］　神奈川・逗子海岸の海水浴風景（写真は部分）1931年　『クローズアップ 激震の昭和 この64年を私たちはどう生きたか』［1996年 世界文化社］

の違いもたらしたと考えるが、どうか。

警察官僚としてはたらいた佐々《さっさ》淳行《あつゆき》に、『焼け跡の青春』という回想録がある。「ぼくの昭和20年代史」と副題もそえて、二〇〇三年に刊行された。なかに、戦後の湘南海岸で友人とおよいだ想い出が、こうしるされている。

「昨今の湘南海岸といえば〝ナンパ〟のメッカなのだろうが、ぼくたちまともな元軍国少年の間では〝ナンパ〟などもってのほかで、色気ぬき。女性同伴は御法度の硬派の世界。真黒に日焼けした体に白い六尺褌一本締めこんだ蛮カラ・スタイルで若い男女のひしめく浜辺を闊歩し、緑青色の海を沖へ沖へとひたすら泳ぐ」

ビーチの娘たちには、近づかない。心を鬼にして、男どうしの世界を堅持する。その衣裳的な象徴に、「六尺褌一本締め」の「スタイル」はなっていた。

褌がはじめから、そういう装束だったわけではない。二〇世紀のはじめごろまでは、昔からつづくふつうの遊泳着でしかなかった。だが、女性へのかろやかな社交精神にめざめた青年は、褌をパンツへかえていく。その勢いは多くの男をのみこんだ。おかげで、褌は女人禁制めいた想いもこめられうる衣裳に、なっていったのである。

9
褌の黄昏

[図58]　褌をしめて相撲体操　1937年から小学校体育にとりいれられた　長野市・後町小学校で　『[写真集] 子どもたちの昭和史』[1984年 大月書店]

戦前戦時の小学校は水泳の授業にさいし、男児へ褌の着用をしいた。いや、水泳以外の体育でも、それを義務づけることがなかったわけではない。

たとえば、一九三七年から導入された相撲体操が、そうである。国技の大相撲を手本に、たたかえる身体づくりをめざし、この体操はとりいれられた。とりくむ男の子たちは、みな褌をしめている[図58]。

ほかにも、上半身を裸にさせた体育教育の写真記録は、少なくない。裸体での運動は、それだけ身体の強壮化に効果をもたらすと、考えられていたのだろう。戦時色が強くなるにしたがい、こういうこころみはふえていく。

[図59]　あばら骨がいたましい食料不足時代の体操　埼玉・秩父公園グラウンドで　1942年ごろ　『[写真集]子どもたちの昭和史』[1984年 大月書店]

だが、相撲体操と水泳以外に、褌だけという映像は、あまり見いだせない。

ここに埼玉県の国民学校生、つまり小学生が秩父のグラウンドでおこなった体育の記録がある。一九四二年ごろに写された写真である。戦時色が強くなった時代の光景だが、誰も褌姿ではのぞんでいない。パンツ、あるいはサルマタで体操にのぞんでいる[図59]。

一九三〇年には、いわゆる健康優良児（小学校六年生）の顕彰がはじめられた。次世代をになう子どもたちの体位向上をめざす催しである。朝日新聞社が音頭をとって、毎年日本一の優良児がえらばれるようになった。その写真も、『アサヒグラフ』で公表されている。

[図60]は、第一回の選考会で、一位の座をいとめた男児と女児である。女子は、当時ズロースとよばれた下着をはいていた。男子の下着もパンツである。褌ではない。小学校では、下着の洋装化が以前からすすみだしていた様子を、読みとれよう。

水泳をおしえてもらう場には、褌でのぞむ。しかし、それ以外のケースでは、パンツをはくことも多かった。身体検査の時も、パンツ状の下着で、身長や体重などをはかられている。一九三〇年代の男子児童は、そんな衣生活をおくっていた。

下着としての褌は、どうやらすたれだしていたようである。それは、かろうじて水泳の場に、水着としてたもたれた。およぐ時は褌にはきかえる。そういう衣服でしか、なくなりだしていた。すくなくとも、子どもたちの世界では。

作家の田中小実昌《こみまさ》に、おもしろいコメントがある。田中は、一九二五年に東京で生まれている。中学や高校へかよったのは、一九三〇年代後半から四〇年代前半である。そんな田中が、下着にかかわる自分史を書いている。「中学生のときはパンツだが、高校生はフンドシなのだ」、と(『女類学入門』一九八〇年)。どうやら、パンツには子どもむきと

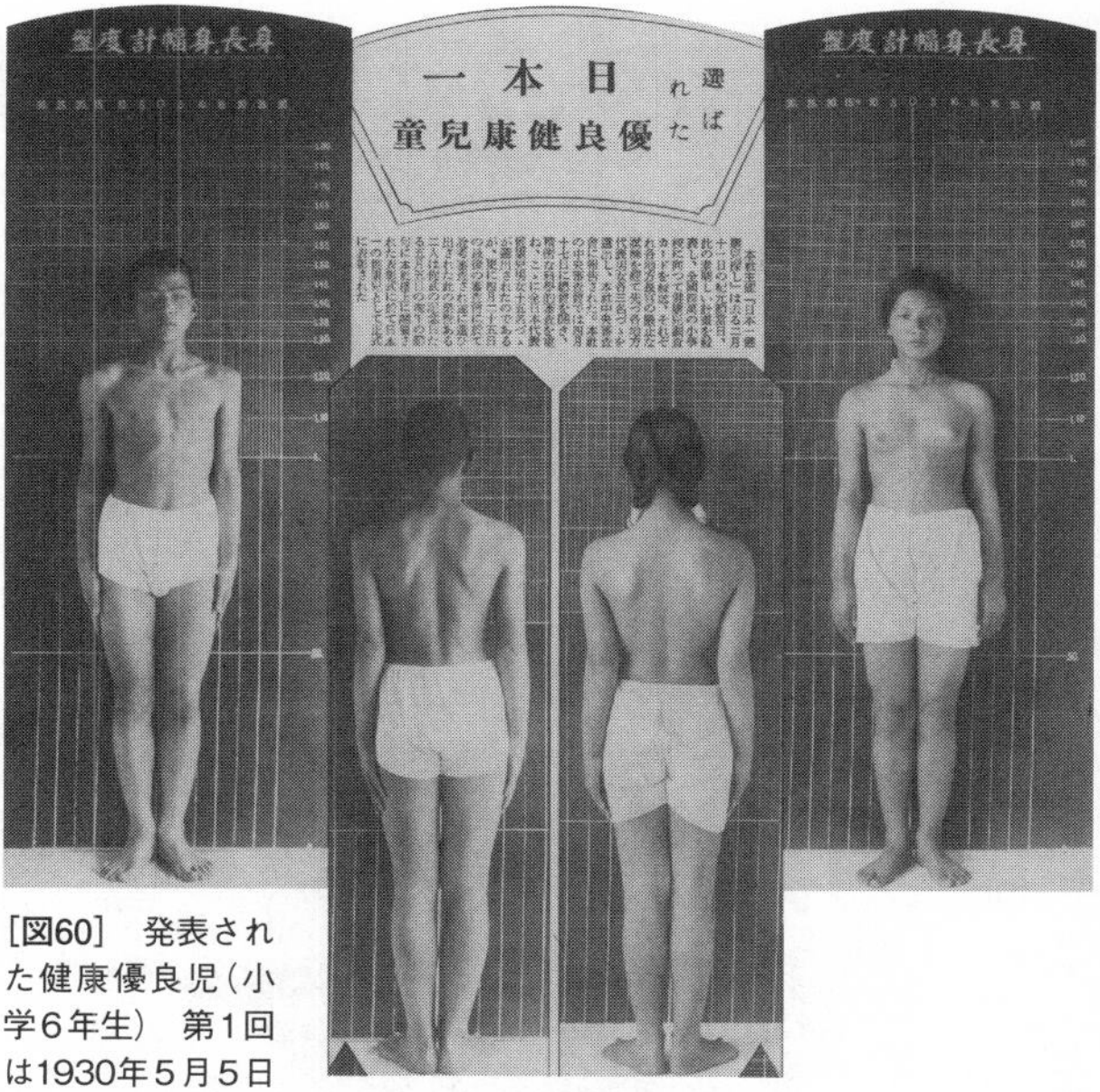

［図60］ 発表された健康優良児（小学6年生） 第1回は1930年5月5日
『アサヒグラフ』［1930年5月14日号 朝日新聞社］

いう含みも、あったらしい。

いっぽう、褌は大人のはきものだとみなされてきた。その背景には、古い通過儀礼の伝統があったろう。かつての男子は、たいてい十三歳から十五歳になると、成人の仲間入りをした。新しい褌をしめる褌祝いで、そのことを祝福されている。「高校生はフンドシ」というのも、今のべたしきたりの延長上にある風俗だと考える。

くりかえすが、小学生の男児は、はやくからパンツをはきだしている。しかし、水泳のさいは、かなり後まで褌をしめつづけた。ここに、東京都の隅田プールでとられた写真を、紹介しておこう。一九五一年のプールびらきをとらえた一枚である。水泳パンツも、

[図61]　プールびらき　東京・台東区の隅田プールで　1951年6月　共同通信社　『昭和二万日の全記録　第9巻　独立—冷戦の谷間で　昭和25►27年』[1989年講談社]

［図62］　柵で囲まれた名古屋・桜山中学校のプール 1952年　『名古屋 昭和の暮らし 昭和20～40年代』［2016年 光村推古書院］

ちらほらまじってはいる。しかし、多数をしめたのは、なんと言っても褌であった［図61］。

つづいて、名古屋の桜山中学にあるプールで撮影された写真を、ひいておく。一九五二年に、これは写された。周囲にめぐらされたのは、幼児の無断侵入をくいとめる柵である。被写体となった中学生たちは、ひとりのこらず褌をしめていた。パンツの少年は、まったく見かけない［図62］。

もう、中学生のあいだでも、パンツ姿を見かけたっていい時代である。にもかかわらず、みな褌だけで水につかろうとしている。ひょっとしたら、学校のほうで、そういうきまりをもうけていたのかもしれない。

同じ名古屋の市営稲葉地プールで、一九五四年にとられた写真がある。女の子たちは、全員がタンクトップの水着になっていた。男子も、半数以上がパンツをはいている。だが、褌の少年も、まだけっこうのこっていた［図63］。

［図63］　名古屋・市営稲葉地プール　1954年　『昭和の名古屋　昭和20〜40年代』［2015年　光村推古書院］

そんな少数派にぞくする少年が、二人で相撲をとっている（写真中央部）。褌なら相撲という観念も、彼らの脳裏にはよぎったのだろうか。褌という装束がおいこまれていっ

［図64］　名古屋・市営振甫プール　1958年　『昭和の名古屋　昭和20〜40年代』［2015年 光村推古書院］

た地点を暗示するようで、興味深い。［図64］は、名古屋市営の振甫《しんぽ》プールをとらえている。一九三三年にできたプールである。ベルリンの五輪で金メダルをとる前畑秀子は、その前にここで世界記録をだしている。一九五〇年の愛知国体にあわせ、大きく改修された。写真に写っているのは、改修後の光景、一九五八年の様子である。

もう、褌姿の男は、ほとんどいない。ただ、手前でプールの脇にたつ男子は、褌をしめている。六尺型のそれで、尻の肌をさらしていた。画面を見るかぎり、それはそうとう例外的ないでたちであったことが、読みとれる。

周囲の、ほぼ全員が国際標準にそぐうパンツをはいていた。たぶん、自分ひとりだけが、民族的な褌姿になっている。そんな自身の孤立ぶりにプールへはいって気づいた彼は、その時なにを想ったろう。

一九五七年のことである。この年に、埼玉県の幸手《さって》町行幸《みゆき》小学校は、川へもうけた水泳場を閉鎖した。二年つづいて、そこで児童がおぼれ、なくなったからである。

このできごとを、当時の『週刊新潮』(一九五七年八月一二日号)がとりあげた。「新聞閲覧室」という欄で、挿画もそえつつ報じている。「安全プール」と題されたイラストが、それである[図65]。

学校の水難事故は、プールで発生していない。同校には、まだプールなどそなわっていなかった。子どもが死亡したのは、川をくぎって設営した遊泳区域である。それを、イラストレーターはプールへさしかえ描写した。水をぬかれ空になったプールの絵で、水泳停止の状態をあらわしている。

今のべた点で、この図には嘘がある。しかし、プールの底でつまらなそうにしている男児を、見てほしい。作画者は彼らにパンツをはかせていた。もう、褌の子どもなど、ほとんどいない時代になっていたことを、この図は物語る。[図51]の飛びこみ台とちがい、ここには、リアリティがあったと考える。

[図65] 安全プール 石川金太郎画 『週刊新潮』「新聞閲覧室」 1957年8月12日号 新潮社

いずれにせよ、水着としての褌は一九五〇年代でおとろえた。一九三〇年代には、そのきざしもあったろう。都会風をきどるような男たちは、そのころから西洋風のスイムウエアに着がえていた。そして、二〇世紀のなかごろには、その命脈を、ほぼたちきったのである。

女たちの水着は、一八九〇年代から西洋風になっていく。一九二〇年代までは、腰巻や手ぬぐいで海につかる者が、いなかったわけではない。だが、一九三〇年代には、そういう人たちも姿をけしている。海やプールでおよごうとする女たちの大半は、西洋風のスイムウエアを着用した。

民族的な下着を、水着に転用する。旧来の伝統とともにあるそんな習慣から、女は男にさきがけ離脱した。舶来のスイムウエアを着る点でも、男に先行している。そして、男性水着の洋装化をおくらせたのは、褌であった。褌が西洋化をはばむ、防波堤になっていたのである。女の襦袢や浴衣などは、その役目をはたせなかったのに。

ここまでは、海やプールなどでおよごうとする人たちの衣裳を、論じてきた。水辺で、ただたわむれようとする子どもたちのことを、記述の対象からはずしている。ねんのため、そちらにもページをさいておく。

［図66］は一九五六年に写された。仙台の川で水遊びに興じる児童を、カメラはおさめている。子どもたちは、何も着ていない。まったくの全裸で、水につかっている。ここで被写体となったのは、いちおう男児にかぎられるようである。しかし、丸裸で同じよ

[図66]　全裸で水遊び　仙台市の川で1956年に撮影された　写真・中嶋忠一　『写真ものがたり 昭和の暮らし 5　川と湖沼』[2005年 農山漁村文化協会]

うな振る舞いにおよぶ女児も、かつてはおおぜいいた。
[図67]は、埼玉県の秩父地方でとられた写真である。一九五八年に撮影された。見てのとおり、女の子たちまで全裸になっている。子どもの水遊びに関しては、一九五〇年代でもこういう光景がのこっていた。
このような写真をながめていると、これまでのべてきた説明がむなしくなる。褌は一九五〇年代まで、男たちによりたもたれた。スイムウエアを女たちは、はやくも一八九〇年代から着はじめている。こういう議論は、ことの

一面をしかつたえていないと、痛感する。学校の監視下にあった児童だけをとらえてきたのかと、かみしめさせられた。

それでも、全裸で水とたわむれた子どもがいたのは、まちがいない。そこを見すごし

[図67]　男の子だけでなく女の子も全裸で川遊び　埼玉・秩父地方　1958年　写真・武藤 盈　『写真ものがたり 昭和の暮らし 6 子どもたち』[2006年 農山漁村文化協会]

てしまえば、歴史の見方がバランスを欠くことになる。あえて、彼ら彼女らの紹介にも、言葉をついやしたゆえんである。

10 褌か サルマタか

近代日本の軍隊は、西洋式の生活様式をとりいれる推進母胎になっていた。洋服や洋靴に、多くの男たちがなじみだしたのは、まず軍隊からである。ベッドに寝るくらしも、軍隊ではじめて体験したという者は、おおぜいいた。

一八七七年の西南戦争に、政府は軍隊を洋装でむかわせている。和装の士族たちがささえた西郷軍とは、その点で、いちじるしい対照をなしていた。

しかし、そんな政府軍兵も、支給された靴をあまり利用していない。実戦には、たいてい草鞋へはきかえ、のぞんでいる。また、裸で敵情視察を敢行した軍人は、その姿で味方に情報をつたえていた。すなわち、褌だけしか身につけない状態で。

前にもふれたが、このいでたちは見すごせない。軍人たちには、洋装軍服の着用を義務づけている。生活を西洋化させる牽引車《けんいんしゃ》であろうとした。そんな軍隊が、下着だけは和装の伝統的な褌をうけいれていたからである。

一九世紀末の日清戦争に草鞋ばきででかけた兵士は、まずいない。この対外戦争は、西南戦争から二十年近くたって勃発した。もう、軍人たちは洋靴に、すっかりなじんでいる。

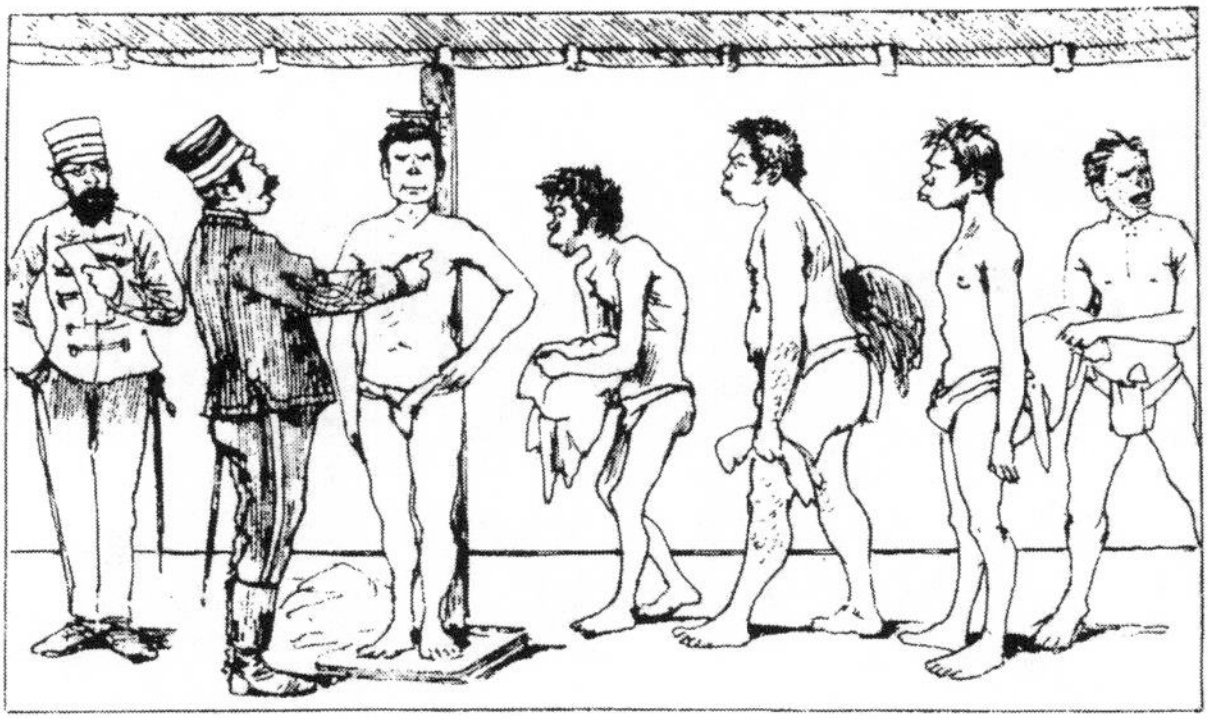

［図68］　徴兵検査　ジョルジュ・ビゴー画　19世紀末

だが、褌の兵士は、けっしてなくなっていない。時代がけっこう下ってからも、その姿をたもっている。上着はツーピースの洋服となっているのに。

近代日本の軍は、国民軍の創設をこころざした。一部の戦士階級だけに、軍事をゆだねるのではない。あらゆる階層の男たちから、公平に軍人をつのっている。そして、部隊へ入隊させる前に、軍は兵としての適性検査をおこなった。リストアップされた男たちをあつめ、身体計測や体力測定をうけさせたのである。

ジョルジュ・ビゴーが、そんな徴兵検査の光景を描いている。一九世紀末の光景だが、みな褌をしめながら、これにはでかけていた。草鞋

［図69］　大阪・東成区役所での徴兵検査　1940年4月1日　写真・朝日新聞社

をはかない時代になっても、下半身の局部は褌でおさえている。それを、西洋化の推進者たらんとした軍は、うけいれた［図68］。

いや、一九世紀末にかぎった話ではない。大日本帝国の陸海軍は、瓦解にいたる最終段階まで、この状態を存続させている。

一九四〇年の四月に、大阪市の東成区役所でおこなわれた検査の写真がある。褌一枚の男が片脚をあげながら、バランスをとっている。平衡感覚のほどが、たしかめられているのだろうか。余談だが、男は尻にあてるべき布を、ほどいている。うしろからは、局部が丸見えになったと思うが、その理由はわからない［図69］。

[図70]　神戸市松野実業での徴兵検査　1943年4月　写真・朝日新聞社

[図70]と[図71]は、一九四三年四月に撮影された。それぞれ、神戸市と大阪府の枚方《ひらかた》市でおこなわれた検査を、写している。

[図70]で計量へむかう男は、六尺褌をしめていた。[図71]の男たちは越中である。検査へのぞむさいにはく褌の種別は、当人たちにゆだねられていた。とくに、きまりはなかったようである。

ついでに書く。[図71]の男がもちあげているのは米俵である。重さは、だいたい六十キログラムほどになる。これがささえられれば、一人前の男であるとみとめよう。当時は米俵が、しばしばそんな目安につかわれた。徴兵検査でも体力測定の材料として、利用されたようである。
かつて、荒畑寒村《あらはたかんそん》という人がいた。二〇世紀なかばすぎまでの社会主義をひきいた活

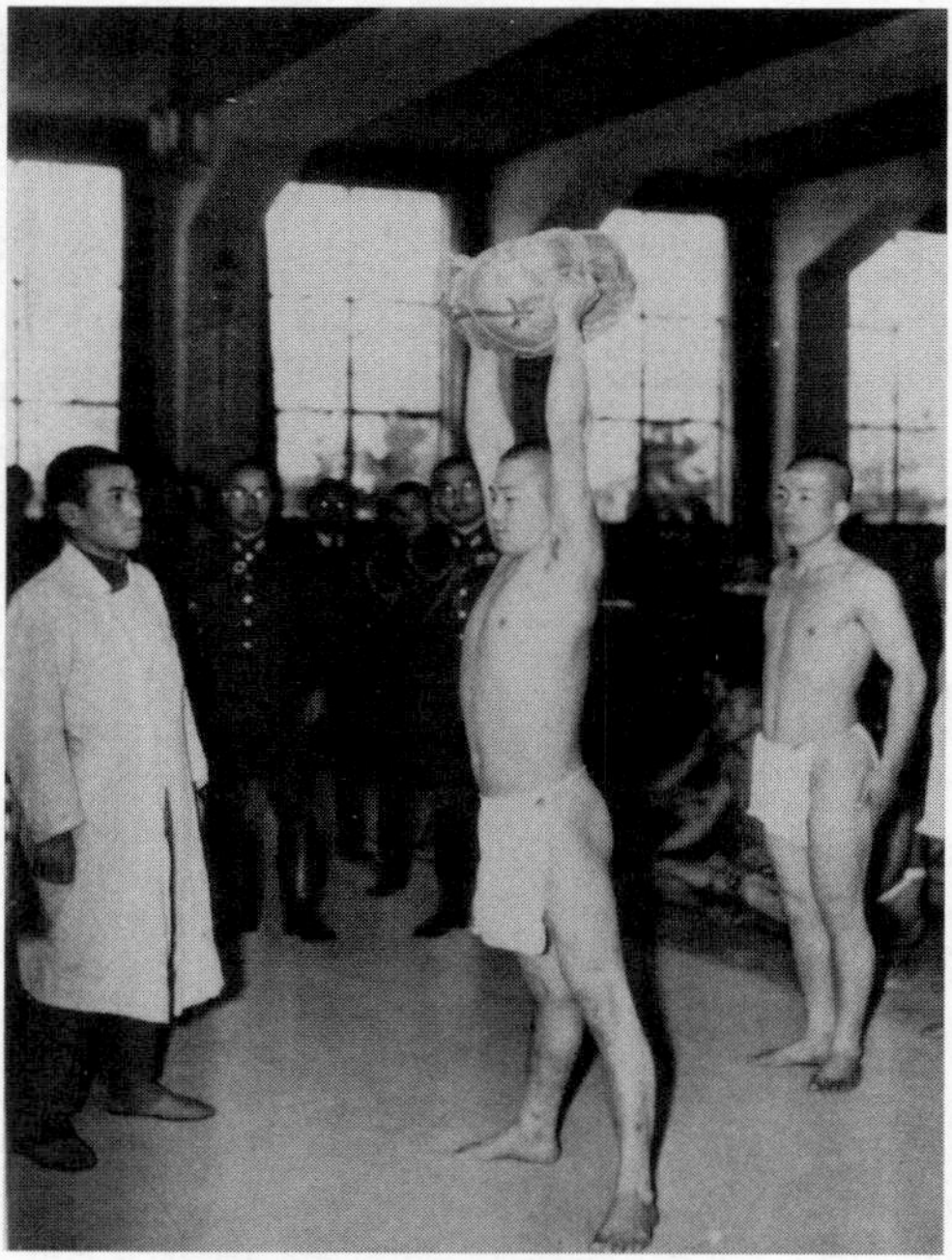

［図71］　大阪・枚方国民学校での徴兵検査　男たちは米俵を上げている　1943年4月　写真・朝日新聞社

動家である。その寒村も、一九〇七年には、徴兵検査をうけさせられた。横浜市の市役所にもうけられた計測の場へ、でかけている。これをふりかえる寒村の回想が、なかなかおもしろい。

「一人の下士官が『いま呼ばれた番号の組は、みんな裸になって並べ』と言ったので、私は何の気なく一糸もつけぬ素っ裸で出て行くと、たちまち下士の一喝をくらった。『何だってフンドシをしないんだ、今までフリチンで検査をうけた奴は一人もない。』なるほど、見ると誰も下帯だけはしている。」（『寒村自伝』一九四六年）

丸裸にはなるな。褌は、しめておけ。そうどなった士官に、寒村は抵抗をこころみた。「裸になれといわれたからその通りにしたまでだ、着物だけぬぐのなら初めからそういうがいい」と。

しかし、士官も敗けてはいない。おまえは、命令が正しくでていればしたがうと言う。しかし、検査前の通知では、「髪を短く刈って来いと」つたえていた。なのに、お前は「何で髪をのばしているんだ」。そう「切返して来た」らしい。これには寒村もこたえられず、弁論での敗北を自覚したという（同前）。

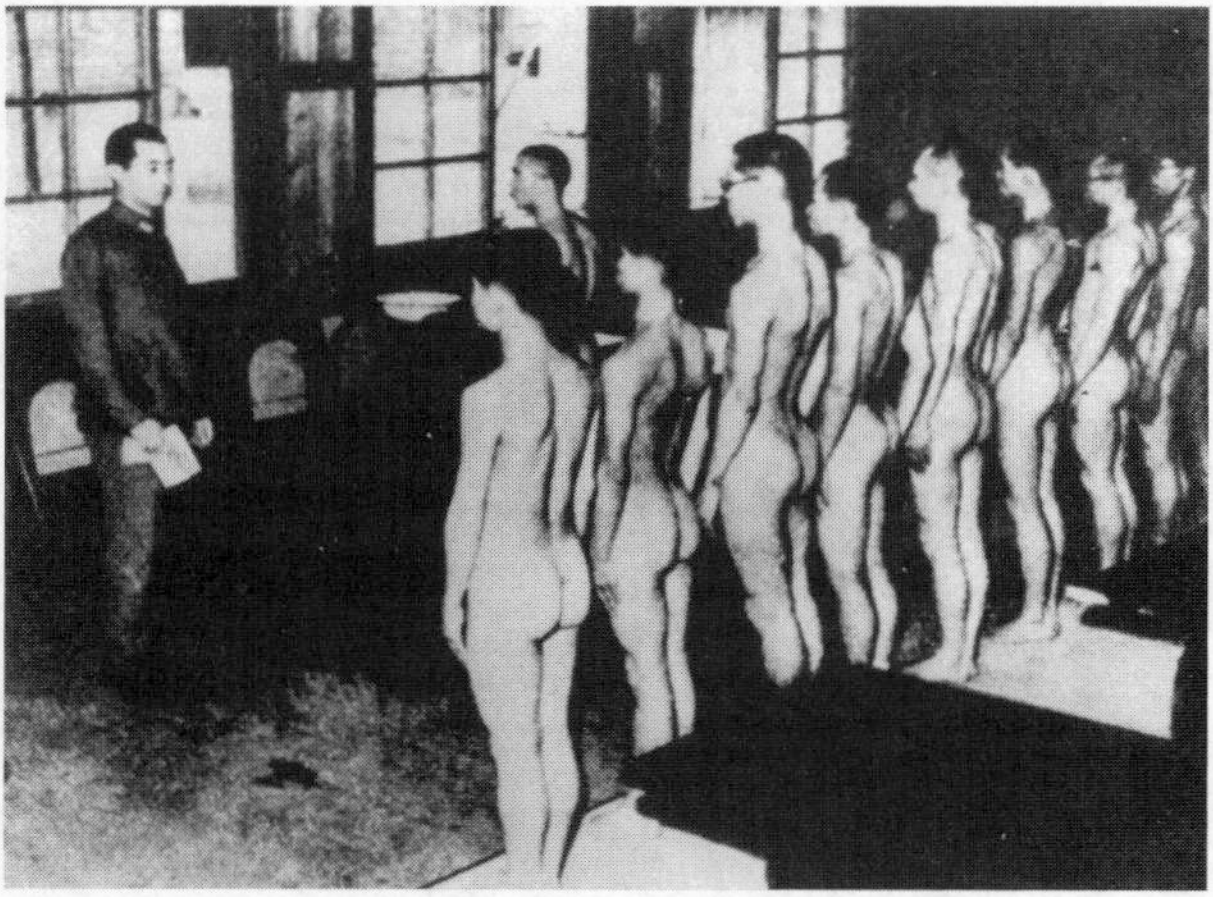

［図72］　全裸でのぞんだ産業戦士の身体検査　1940年ごろ　写真・朝日新聞社

いずれにしろ、士官は寒村へ褌をしめろと、せまっていた。褌だけといういでたちが、礼節にもとるとは、まったく思っていない。むしろ、逆である。褌一丁という姿こそが、検査へのぞむさいの、あらまほしきスタイルだとみなしていた。

とはいえ、検査へ男たちが全裸でのぞんでいる写真も、なくはない。数こそ少ないが、褌もはずした状態でいならぶ様子をとらえたそれは、のこっている［図72］。

褌をしめろという士官の命令と、これらの写真は矛盾する。このくいちがいは、どのようにうけとめればいいのだろう。

戦前戦時の徴兵検査は、一般的な身体計測だけでおわらない。ほかにも、痔疾《じしつ》や性病のチェックが、おこなわれた。全裸を余儀なくされたのは、その時であったろう。

身長や体重などをはかりおえた男たちは、つづいて痔の有無をたしかめられた。褌をはずし、全裸になって、しかるべき場所へ移動する。そこでは、床に両手両足をおくところが、しるされていた。その指示にしたがい、彼らは脚をのばしたまま裸の尻をもちあげる。検査医の前で、肛門の点検がしやすいように、姿勢をたもったのである。

ざんねんながら、その光景を撮影した写真は、見つけられなかった。ただ、絵の得意な戸井昌造が、懐古的なイラストをのこしている。『戦争案内　ぼくは20歳だった』（一九八六年）に、それはおさめられていた。ここにも、紹介しておこう。男たちの、頭をさげつつ尻はあげた様子が、よくわかる［図73］。

この検査をおえた男たちは、つぎに性病検診のほうへまわされた。もちろん、全裸のまま医師の前にたち、こんどは陰茎をしらべられることとなる。いわゆるM（エム）検である。マラ、つまりmāraのぐあいを見られることから、頭文字をとってそう名づけ

[図73]　徴兵検査で痔の有無をたしかめる　戸井昌造画　『戦争案内 ぼくは20歳だった』[1986年　晶文社]

られた。淋病《りんびょう》にかかっていた者は、その場で叱責をうけたものだと、聞いている。

なお、痔疾から性病へという検査の順序が、かたくきめられていたわけではない。逆の手順でまわった者も、おおぜいいる。ねんのため書きそえる。

男たちが褌もしめず、丸裸でならぶ。そういう写真は、下半身の検査へのぞむ前の状態をとらえている。尻の穴や尿道口を、これからしらべられる男たちが写されているのだと、みなしたい。

[図69]の片脚をあげた男は、褌をはんぶんといていた。ひょっとしたら、つぎの下半身チェックへまわる準備を、はじ

めていたのかもしれない。たんなる憶測だが、あてずっぽうで書いておく。なお、褌のうしろをほどいて検査をうける男の写真は、ほかにもいくらかのこっている。

むしかえすが、荒畑寒村とむきあった士官は、褌をはくよう強要した。だが、徴兵検査の写真をふりかえると、パンツの着用者も、まま見かける。あるいは、サルマタをはいている者と言うべきか。洋装下着で徴兵検査へむかう男たちも、少なからずいたようである。

たとえば、【図74】を見てみよう。一九四一年の写真である。胸囲をはかられている男は、褌姿になっている。だが、うしろで順番をまつ男たちはちがう。パンツ状の下着で、ならんでいる。どうやら、褌の着用も、義務化にまではいたっていなかったらしい。

一九三二年に『裸体運動』（金子佐一郎編）という本が、刊行された。ヨーロッパのヌーディズムを、日本へつたえる書物である。なかに、一九三一年の徴兵検査へ言及したくだりがある。褌とサルマタの優劣も、つぎのように論じられており、興味深い。

「昨年の徴兵検査の成績によると、猿股をはいてゐる青年の合格率よりも、褌をしめてゐる青年の方がより高い合格率を示してゐる……これは山田政一少将の調査で、猿股で

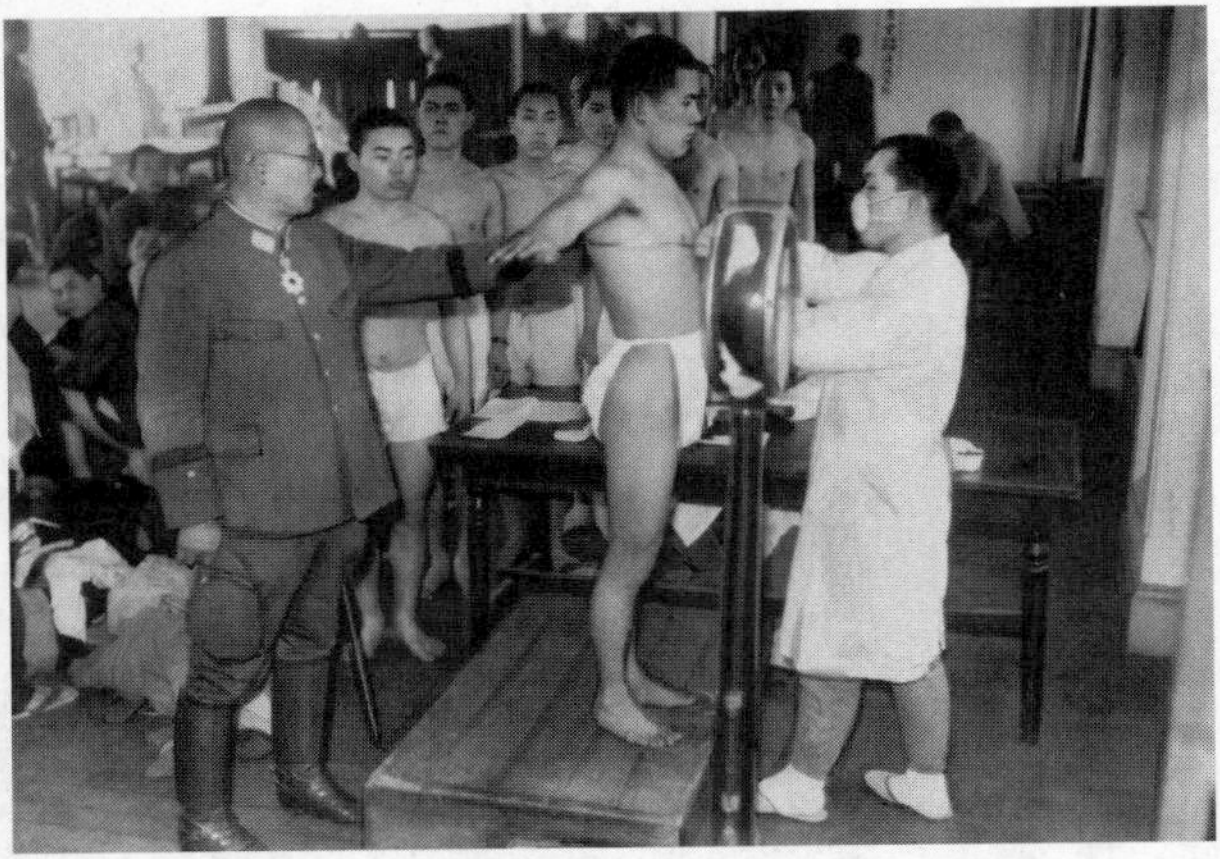

[図74]　徴兵検査では褌もパンツもあった　1941年　写真・毎日新聞社

は薄弱青年となり、即ち強健児生れず、更に病弱児の父となるといつてゐる」

褌青年のほうがサルマタ青年より、検査の結果は優秀であったという。この書きかたからも、サルマタで徴集におうじた者が、そこそこいたことは読みとれる。軍の徴兵は、けっしてパンツ状の下着を、排除しなかった。下着がなんであれ、検査にはこいという構えを、とっていたのである。

ただ、サルマタ組からはいい兵隊が、あまりつのれないと言いきる軍人もいた。この言及を読むかぎり、褌のほうが歓迎されていたことはいなめない。

ざんねんながら、「山田政一少将の調査」

がなんであったのかは、わからなかった。褌組とサルマタ組の成績を、どうくらべたのかも不明である。統計的な妥当性の見こめる分析がなされたのかどうかも、あやしい。

山田少将によれば、サルマタの青年は虚弱体質になりやすいという。その子も病弱になる傾向があるとする。しかし、こんな指摘に医学的な根拠があるとは、とうてい思えない。

けっきょく、山田少将や少将の言葉を引用した書き手は、褌組のほうが好きだった。青年として、より好ましく感じている。ただ、それだけのことだったのだろう。その想いがこうじて、彼らの書きぶりは一線をふみこえた。統計という虎の威までもちだし、サルマタの青年を悪く語りすぎている。いい子は生まれないというところまで、話を飛躍させてしまったのだと考える。

今、紹介した『裸体運動』は山田少将の最終的な結論も、ひいている。日本男児は「猿股をやめて褌をしめろ」という断定まで、みちびきだしていた。軍全体の意向が、この文句で代表できるとは思わない。しかし、検討してみるねうちはあると考える。

11 河をこえて

［図75］　炎天下、褌一つで作業をする中支派遣軍の高射砲隊兵士たち
1938年７月　写真・毎日新聞社

いわゆる日中戦争は、一九三七年の盧溝《ろこう》橋《きょう》事件にはじまった。東京の中央政府に、当初これを拡大させるつもりは、なかったらしい。北支事変と地域が限定される呼称を、この戦闘にはあたえている。中国の北部だけにとどまるんだ、と。だが、けっきょくは現地の軍隊にひきずられる形で、戦線をひろげていった。

一九三八年には、中支派遣軍が徐州、安慶、そして漢口へはいっている。そんな軍隊の記録写真に、高射砲隊兵士の作業をおさめた一枚がある。砲兵たちが、精密機械の操作にとりくんでいる様子を、写した写真である［図75］。

［図76］　華中・南昌で戦死した南郷海軍大尉の記念碑を建てている
1939年８月14日　写真・毎日新聞社

七月のあついさなかに撮影されたせいだろう。砲兵たちは、みな褌ひとつで、越中型だが、この仕事にとりくんでいる。軍のエンジニアとも言うべき人たちが、裸になっているところはおもしろい。

一九三九年に南昌へはいった部隊をとった写真もある。撮影日は八月一四日であった。見れば、数人の日本兵が墓標をたてている。「故南郷少佐遺骸埋葬之地」と、そこにはしるされていた。前年の七月一八日に戦死した南郷茂章《もちふみ》をとむらう記念碑である［図76］。

これも、熱気のせいだろうか。碑を

たてる兵たちは、みな越中褌だけで水の中へはいっている。褌一丁の裸体で戦死者をいたむことが失礼になるとは、考えていなかった。なにしろ、記録写真までとらせているのである。公表されるのがまずい光景だとは、だれも思っていなかったらしい。

水面下に埋葬地がもうけられたことは、いぶかしがられようか。もちろん、これには訳がある。なくなった南郷は、戦闘機のパイロットであった。前年の夏には、敵機と接触し、この地へ墜落したのだという。兵士たちが水につかりながら墓標をたてているのは、そのためである。

だが、褌のみの裸になったことまで、水のせいにするのは、まちがっている。ズボンや靴がぬれるのは、こまる。ただ、それだけの理由で、彼らが裸になったわけではない。褌一丁で戦場に碑をもうけることは、陸地でもあった。じっさい、ビゴーが日露戦争の戦地で、一九〇四年に日本兵のそういう姿を描いている［図77］。

戦地の部隊は、しばしば食料不足においこまれた。日本軍は、やむなく現地調達をこころみることも、あったという。［図78］は、華南の溜池に網をいれ、大量の魚がとれた様子を写した写真である。

兵士が裸になったのは、池の中で網をあやつるためである。そして、軍服をぬいだ彼らは、やはり褌をしめていた。越中だけを、はいていたのである。

似たような情景を、北京郊外の坨里《トリ》警備隊にいた斎藤邦雄が書いている。「軍隊式魚

[図77]　日露戦争で戦死した日本軍兵士を埋葬する様子が描かれている　ジョルジュ・ビゴー画『ル・プチ・パリジャン』1904年8月14日号　『別冊太陽　95　ビゴーがみた世紀末ニッポン』[1996年 平凡社]

[図78]　華南・仏山の溜池で大漁にわく兵士たち　写真・毎日新聞社

取り法」という漁獲法が、この部隊にはあったらしい。魚のいそうな川や池があれば、そこへ手榴弾《しゅりゅうだん》やダイナマイトをなげこみ、爆発させる。すると、ハヤなどの魚が、白い腹を見せてうかびあがったという。

死なせているわけではない。爆発のショックで、一時的に失神状態へおいこんでいるだけである。そのままほうっておくと、魚は正気をとりもどし、にげてしまう。だから、すみやかに収穫しなければならなかったらしい。

もちろん、この「魚取り法」は手榴弾などの数をへらしてしまう。員数点検のさいに、その点を上官からとがめられる可能性もある。だが、兵士たちにぬかりはない。そこをつかれても、言いのがれはできた。八路軍、のちの人民解放軍がきたから、手榴弾でおいはらったと言えばいい。坨里警備隊の兵士たちには、そんな心構えもあったという。

いずれにせよ、この爆破で魚は大量に水の表面へ浮上した。それらを、兵たちが川や池へとびこみ、あつめたのだという。その様子を、斎藤はこう書いている。「フンドシ一つになって、河の中ではしゃぐ兵隊は、まるで子供のようである」（『陸軍歩兵よもやま物語』一九八五年）。

書きおくれたが、戦後の斎藤は児童マンガの世界で活躍した。テレビアニメの制作にも、たずさわったことがある。もともと、絵心もあったのだろう。今、紹介した回想録にも、自分で描いたイラストをそえている。「フンドシ一つ」で「はしゃぐ兵隊」たちの様子が、これを見ればよくわかる［図79］。

［図78］の漁獲に、爆発物はつかっていない。網でとらえた成果である。しかし、兵士

［図79］　軍隊式魚取り法のヒトコマ　斎藤邦雄画　『陸軍歩兵よもやま物語』［1985年 光人社］

たちが褌ひとつで陽気にさわぐ様子は、かわらない。軍服をぬぐと、下から褌があらわれる。彼らは、基本的にそういう軍隊生活をおくっていたのだと考える。

戦前戦時の軍隊体験がつづられた本を、あと一冊紹介しておこう。『新兵サンよもやま物語』（一九八一年）という富沢繁の著作へ、目をむけたい。徴兵検査をへて、各部隊へ配属された初年兵は、部隊でどんな洗礼をうけたのか。その様子が、こうつづられている。

「入隊当初は、動作の機敏さを身につけるため、フンドシ姿から、『よし、始め』の合図で、軍服を着るまでの競争をさせられる。襦袢、袴下《こした》をつけて軍袴《ぐんこ》をはき、軍衣を着るのに、初年兵は二分以上かかるが、やはり一番早いのは古参兵である」「袴下をつけて軍袴をは」くとある。軍袴、つまりズボンの下には、「袴下」を装着していたらしい。だとすれば、「袴下」はズボン下、股引《ももひ》きだったことになる。「襦袢」としるされたのは、上半身にまとう肌着のことであろう。アンダーシャツと言ってもよい。

いずれにせよ、この競争は「フンドシ姿」からはじめられた。本におさめられたイラストも、越中褌だけの裸を描いている【図80】。当時の軍人たちは、身ぐるみをはげば、みな褌だけの姿になったことがよくわかる。

ついでに、書く。私は軍隊体験の想い出話がつづられた本を、よく読んでいる。これ以上の例示はしないが、それらに褌をめぐる回想は少なくない。笑い話や失敗談を、美談さえ、しばしば見いだせる。彼らの生活は褌とともにあったことが、よくわかる。

パンツやサルマタの回想は、ほとんど見かけない。まあ、皆無であると言いきるのは、ひかえておこう。私がわすれたり、読みおとしたりしている可能性もある。しかし、言及の数をくらべれば、圧倒的に褌のほうが多い。その点だけは、うけあえる。

ねんのため、日中戦争の渡河作戦が写された写真を、いくつか披露しておこう。

［図80］　軍服の着装競争にのぞむ初年兵　わち さんぺい画　『新兵サンよもやま物語』富沢繁［1981年 光人社］

あの戦争では、しだいに戦線が中国内陸部へすすめられた。必然的に、河川をこえて進軍する機会もふえる。橋のないところをわたらねばならない場合も、多々あった。荷物をかつぎ、むこう岸へ歩いてたどりつく行動に、しばしば日本軍はうってでる。

渡河を敢行すれば、いやおうなく下半身が水につかってしまう。そのため、兵士は靴やズボンをぬいで、この作戦にしたがった。下肢は下着だけという格好になっている。

［図81］　北支戦線の平漢線付近で渡河する日本兵　1937年　絵葉書
『絵葉書 明治・大正・昭和』［1978年 国書刊行会］

行軍の様子を写した写真は、彼らの下着事情がうかがえる資料に、おのずとなる。渡河作戦の映像記録に注目するゆえんである。

［図81］は、一九三七年の光景をとらえた写真である。当時の絵葉書に、これはなっていた。日中戦争がはじまってまもない北支戦線の様子を、写している。

兵士の多くは、六尺褌をしめているようである。越中の者は、あまり見かけない。水中に腰までつかるせいで、遊泳むきの六尺をえらんだのだろうか。

イラスト化された渡河の様子も、戦時下の絵葉書は画題にとりあげた。［図82］に、その一例を紹介する。『支那語入り　陣中漫画

［図82］『支那語入り　陣中漫画集』絵葉書

集』におさめられた一枚である。多くの兵は褌をしめている。だが、いちばん手前の男は越中で、川をわたろうとしていた。褌の選択は、個々の兵士にゆだねられていたらしい。

渡河に困難がともなうことは、内地の軍隊も、はやくからわきまえていた。国内での訓練にも、日中戦争などがはじまる前からとりくんでいる。たとえば、熊本の第六師団が一九二八年におこなったそれを写した写真もある［図83］。

ここでは、たいていの者が越中を身につけていた。腰まで水につかっている男たちの下着事情は、よくわからない。ただ、目に見える範囲だけで判断をすれば、越中が大勢をしめていたようである。

［図83］　第六師団（熊本）の渡河訓練　『決定版 昭和史 第５巻』［1984年 毎日新聞社］

六尺や畚の者が多い［図81］や［図82］とは、褌の様子がちがう。ただ、いずれにせよ、たいていの兵士は、褌姿で川をわたっていた。浅い川の渡河作戦をとらえた写真には、しばしば半ズボンの男たちも写っている。しかし、彼らも、その下は褌だったにちがいない。

徴兵検査の場に、男たちはさまざまな下着をはきながら、のぞんでいる。多くは褌だったが、少なからずサルマタの者もいた。軍のなかには、このサルマタをうとんじる声もあったらしい。だが、徴兵検査の男たちには、下着の自由をみとめていた。まだ、軍人になっていない彼らの下穿《したば》きまでは、規制をしなかったということか。しかし、入隊のきまった者には、褌をはかせたようである。

往時の徴兵検査は、元服のような節目としてもみとめられていた。無事に入隊がかなえば、一人前の男として世間からも認定される。そういう機会であると、位置づけられていた。兵役へついた男が褌をしめることじたいは、自然に受けいれられたろう。これもまた、形をかえた褌祝いとして、了解されていたのではないか。

12 アメリカの影

旧大日本帝国は、一九四二年までその版図をひろげている。ただ、日中戦争の激化と戦線の拡大は、日本を兵力不足においこんだ。対米戦争の開始も、この傾向に拍車をかけている。

そのため、日本は日本列島の外でも、軍人をつのっている。一九四〇年には、旧満州国で、はじめての徴兵を実施した。台湾でも、こちらは志願制だが、兵士をあつめている。陸軍は一九四二年、そして海軍は一九四三年から、募集にふみきった。なお、台湾に徴兵制がもちこまれたのは、一九四四年からである。

ここに、満州でおこなわれた徴兵検査の写真がある。写っているのは二人だが、どちらも褌をはいている［図84］。彼らが、日本から入植した日系の満州人であった可能性はある。もとは日本人だったから、褌の用意があったのかもしれない。

しかし、満州は五族共和をうたった国でもある。日系人だけが褌姿で徴兵におうじる光景は、このたてまえにそぐわない。私はほかの民族にも、褌をあてがったと考える。すくなくとも、帝国陸海軍の部隊へ配属させてからは、褌をはかせたろう、と。

台湾で検査をうけた人たちの写真もある［図85］。計量の順番をまつ男の下半身には、

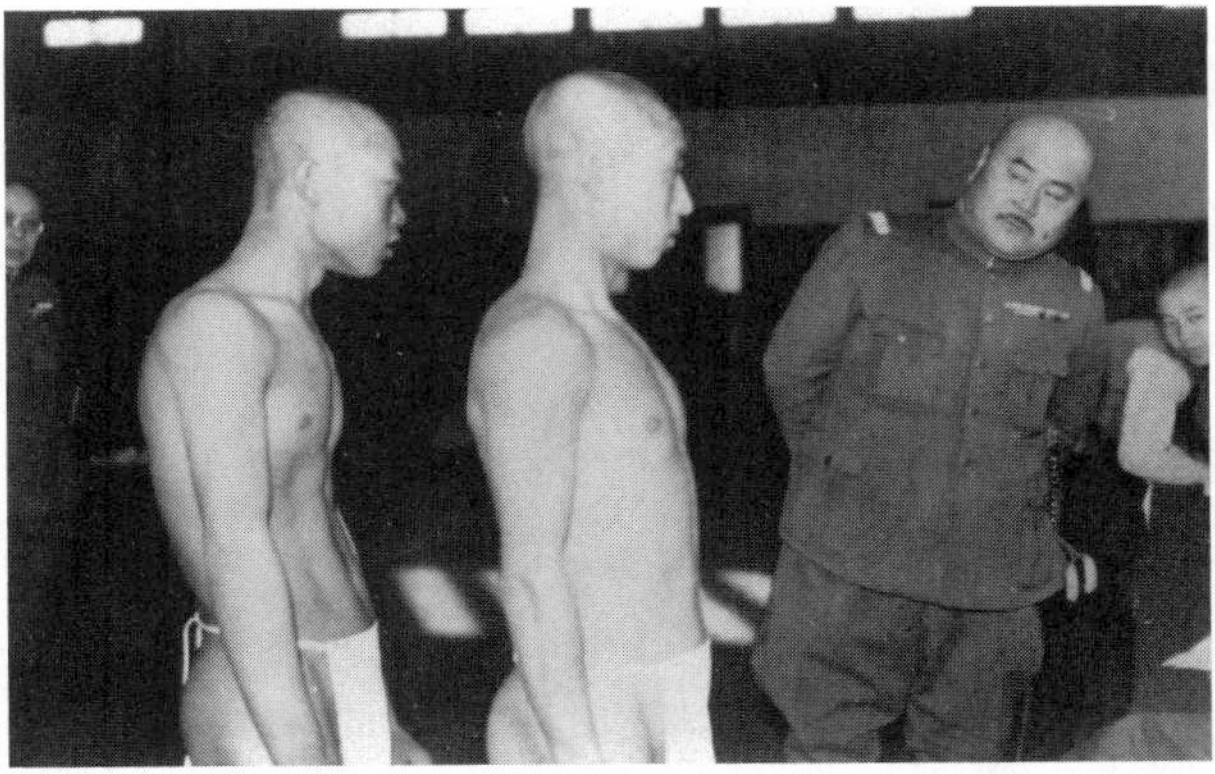

[図84]　満州国軍の第１回徴兵検査　1940年にはじめて徴兵制度を施行した　写真・朝日新聞社

[図85]　台湾でも1942年から兵士の適性検査がおこなわれた　写真・朝日新聞社

やはり褌がしめられている。大日本帝国は、台湾にも褌をもちこんでいたようである。この下着は、皇民化の目印になったかもしれない。植民地の異民族を、帝国陸海軍の軍人としてうけいれる。そのさい、むかえる側の日本人には、不安がよぎりやすい。彼らは、ともにたたかう仲間たりうるのか、と。褌には、そんな心配を少しでもやわらげる役目が、期待されていただろう。彼らも、同じ褌の同志だというふうに。

中国最南端の海南島も、かつては旧大日本帝国の勢力圏に、くみこまれていた。私はさる古物商から、名は伏せるが、日本軍の配布した褌の存在をおしえられている。海南島で軍がくばったという褌の束を、彼は直接見たらしい。

帝国日本の植民地統治は、現地の人びとへ日本語をおしつけた。のみならず、ほかの手立てでも、諸民族の日本化をはかっている。いわゆる皇民化政策である。軍が普及をもくろんだ褌も、衣裳における同化のアイテムだったと考える。

話を台湾へもどす。一九四二年の志願兵募集には、「高砂族《たかさご》」の人びとが、たくさんあつまった。山間部にくらす先住民だが、八千人ほどが入隊するにいたっている。「高砂義勇兵」とよばれた人たちである。多くは、軍属として採用された。南進をもくろむ日本軍にとっては、力強い援軍であったという。

戦死を余儀なくされた者も、おおぜいいたらしい。そんな彼らの慰霊碑が、以前は台北郊外の烏来《ウライ》郷にもうけられていた。「高砂義勇兵英霊慰霊碑」が、それである。今は、もうない。二〇一五年の土砂くずれで、倒壊したと聞く。

さいわい、烏来郷の碑については、落成記念でとられた写真を、見ることができた。河崎眞澄のまとめた『李登輝秘録』(二〇二〇年)に、それはのっている。かつて台湾総統だった李登輝も出席した、二〇〇六年の写真である。

碑の頂部には、「高砂族」の男をかたどった銅像がたっている。見れば、彫刻の男は褌を、越中型のそれだが、はいていた。慰霊碑の像は、褌もあらわになった姿の「高砂族」を、顕彰していたのである。私のつたない模写でもうしわけないが、正面から見上げた像の姿を写しておく【図86】。

じつは、「高砂族」もまた、褌状の下穿きを身につけてきた民族であった。この像も、彼らじしんの民族的なよそおいを、表現していたはずである。帝国日本から皇民化用にもらった褌を、あらわしているわけではない。誤解をする人がいるとこまるので、ねんのため書きそえる。

なお、褌状の衣裳を愛用する民族は「高砂族」以外にも、けっこういる。太平洋の島々では、まま見かける。この点をめぐっては、またあとでくわしくふれることにし

[図86]「高砂義勇兵英霊慰霊碑」の台座にもうけられた兵士像　台湾・台北郊外の烏来に、かつてはあった　[絵・井上章一]

たい。

さて、日本の海軍は一九四二年の六月に、ミッドウェーで敗北をきっしている。以後、太平洋上では劣勢をしいられた。翌年の一一月には、ギルバート諸島でも、大敗をこうむっている。

日本軍は同諸島のタラワ環礁にあるベチオ島へ、基地をもうけていた。そのタラワに、アメリカ側は総攻撃をかけている。日本の守備隊は歯がたたず、ほぼ全滅といった状態においこまれた。

とはいえ、降伏をした日本兵も、いなかったわけではない。百数十人ほどの日本人は、敵の捕虜となる途をえらんでいる。守備隊の総数は五千人弱だから、その比率は低い。生きて虜囚となることをいましめた日本軍の考えが、こういう結果をもたらしたのか。

米兵の前へ、両腕をあげて投降する日本兵が写された写真は、けっこうある。その多くは、褌だけといういでたちになっていた［図87］。

これらを見て、現代の日本人はいぶかしがるかもしれない。なぜ、彼らは褌だけの格好で、敵の前へとびだしたのか。降伏の決断をするまでは、軍服を着ながらたたかって

[図87]　捕虜になった日本兵　赤道直下の中部太平洋ギルバート諸島タラワ　1943年11月　『大日本帝国の戦争2・太平洋戦争1937－1945』[1999年 毎日新聞社]

いたはずである。投降の意志をしめすためには、それらをぬぐ必要があったのか。褌一丁にならなければならない理由は、どこにもなかったはずである、と。

想いあまって、こう考える人もいるかもしれない。これらの写真には、アメリカ側の作為がほどこされている。彼らは、軍服をはおって投降してきた日本兵の服をはぎとり、裸にした。そして、褌だけにしたうえで、あらためて降参する日本人の姿を撮影する。いつわりの映像をつくり、日本人の屈辱的な様子を演出したのではないか、と。

しかし、これらの戦地は熱帯に位置している。タラワ環礁などは、赤道直下と言ってもよいところにある。あつくてたまらないと感じた日本兵は、少なくなかったろう。じっさいに、褌一丁となってたたかった者も、けっこういたのではないか。まあ、米兵たちは、みな軍服姿で写っているのだが。

[図75]や[図76]を、もういちど見てほしい。日本兵は、褌だけの裸で高射砲を操作した。戦没者の慰霊にも、その格好でむきあっている。褌一丁の姿は、それほど礼儀にもとると思われていなかった。状況しだいでは、正装に準じるとさえみなされている。褌だけでの戦闘参加を、いぶかしがる必要はない。

もちろん、軍服を着たままとらえられた日本の軍人も、少なからずいた。彼らは収容所へ収監される前に、たいてい服をぬがされている。褌だけに、させられた。所持品をたしかめる、とくに武器の有無をしらべるためである。

戦争終了直後の一九四五年に、シンガポールでとられた写真がある。旧日本軍の将校

［図88］　日本軍の戦犯将校を整列させる英大尉　シンガポール・チャンギー　1945年　『20世紀の記憶「1945年」』［1999年 毎日新聞社］

たちが褌一枚となり、整列させられている［図88］。

裸にしたのは、やはり武装解除を確認するためだろう。ただ、これに関してなら、撮影をしたイギリス側は、悪意をいだいていたかもしれない。旧日本軍のみじめな姿を記録しようとする意図は、あったような気がする。

もっとも、裸にさせられた側は、自分たちの褌姿にさほどめげなかった可能性もある。褌じたいは、準正装でもあったから。もちろん、虜囚となることじたいには、たえがたい気持ちをいだいたかもしれないが。

作家の大岡昇平が戦地のフィリピンで米

軍の捕虜になったことは、よく知られる。その体験を描いた『俘虜記《ふりょき》』（一九五二年）も、文学作品としてながらく読まれてきた。褌についても、興味深い記述がある。ここでも、紹介につとめたい。

大岡とむきあった米兵たちは、まず「軍袴を脱げと命じ」ている。「身体検査」のためである。ただ、大岡が褌まではずそうとした時には、その動作をとめたという。［図87］のような姿に、まずさせるのは、捕虜をあつかう常套《じょうとう》だったようである。

収容施設にはいった大岡は、おおぜいの日本人捕虜を目撃した。みな、褌だけの裸であったという。その「褌は米軍の制服の切れ端、メリケン粉の切れ端等……の布切れで出来ていた」。そう大岡は回想する。彼らは、米軍からあたえられるさまざまな「布切れ」で、褌をあつらえていたのである。

収容者側が、衣服をあたえなかったわけではない。「俘虜には米軍制服が一着当っていた」。にもかかわらず、「彼等は一日の大部分を褌一つの裸ですご」していたのである。フィリピンもまた、気候的には温暖であったということか。

大岡が収容されたのは、一九四五年の一月二五日からである。彼が観察しつづけた日

[図89]　佐世保へ上陸した済州島からの復員兵は、米軍立ち会いのもとに厳しい身体検査を受けた　1945年10月　写真・毎日新聞社

本人の捕虜たちは、四月ごろから態度をかえだしたらしい。「季節が移るように、俘虜の境遇と心も変化した。三月には褌一つであった我々は、今は新しいシャツと猿股をはき」だしている。そう大岡は書きしるす。

褌からシャツやサルマタに、はきかえたのだという。それらの下着は「米軍規格の……アンダー・シャツと猿股であった」。つまり、洋装のパンツ（下着）にきがえたのである。捕虜生活で、米軍の感化もあってのことだろうか。

逆に言えば、褌への執着はそれだけ強かった。米軍からは、パンツをもらっている。にもかかわらず、彼らは布の切れ端などで、わざわざ褌をつくり、二カ月以上はきつづけた。それだけ褌にはなじんでいたのかと、考えさせられる。

大岡たちは敗戦後の日本へ、そのパンツを着用しつつ帰国した。だが、下穿きをかえたのは、連合国側の収容施設で捕虜生活をおくった者に、かぎられよう。戦地でたたかいつづけた日本兵は、褌をはいたまま帰国したにちがいない。

ここに、佐世保へ上陸した復員兵の写真がある。済州島からの帰還者である。占領軍がたちあう状態で、身体検査をうけている。そのため、下着の様子がよくわかる。見てのとおり、かつての兵士は褌をはいていた［図89］。

私はこちらのほうを復員兵の常態であったと考えるが、どうだろう。

13 戦争美術の可能性

山口華楊《かよう》（一八九九～一九八四年）という画家を、ごぞんじだろうか。日本画の大家で、花鳥画や動物画を得意とした。代表作は、なんといっても『洋犬図』（一九三七年）であろう。京都画壇の、写実を重んじた画家としても知られている。

大日本帝国の戦時体制は、そんな山口をも戦争へかりたてた。一九四三年には海軍省が南方へ、従軍派遣画家としておくりこんでいる。最初、山口はインドネシアのジャワ島へおもむいた。その後、自ら志願もし、アル諸島のマイコールへでかけている。オーストラリアとむきあう水上の前線基地で、写生をおこなった。

その成果は、『基地に於ける整備作業』（一九四三年）として、実をむすぶ。戦闘機の点検に従事する整備員を描く、四曲の屏風《びょうぶ》である。これは、内地の第二回大東亜戦争美術展にも、出展された。いわゆる戦争美術のひとつにほかならない［図90］。

主役の搭乗員ではなく、陰ではたらく技術兵に光をあてている。その姿勢は、当時の新聞でも、高く評価された。「南海の浜にパンツ一つの逞《たくま》しい裸体を躍らせて……」。たとえば、『朝日新聞』はそんな文句で、整備員の躍動ぶりに言及している（一九四三年一二月一一日付）。

そう、たしかに画中の整備員は、みなパンツをはいていた。褌の男は、どこにもいない。しかし、現地のマイコール水上基地には、褌をしめた技術兵も、おおぜいいただろう。ひとりのこらずパンツというこの絵が、実景をあらわしていたとは思いにくい。

中国戦線では、高射砲をあやつる砲兵たちが、褌だけで作業をしていた［図75］。大日本帝国陸海軍の男たちは、基本的に褌でくらしている。マイコールの基地だけが、彼らにパンツをはかせていたとは、思えないのである。

戦時下の軍部は、自由な報道をゆるさなかった。あらゆるメディアに、さまざまな規制をかけている。しかし、軍人の褌姿を報じるなと命じたことは、いちどもない。そちらは、おおっぴらにみとめている。

ねんのため、ニュース映画の記録を一点、紹介しておこう。

［図91］は一九四一年一一月四日に発表された、第七十四号映画のひとコマである。中支戦線の騎兵が、軍馬をあらっている。その越中褌を、カメラはうしろから大きく写しだしていた。そこをカットさせようと、軍部はしていない。そのまま、みとめている。

こういうシーンは、軍の協力がないと写せない。取材をされる立場の当局者がみとめ

［図90］『基地に於ける整備作業』 山口華楊画　彩色・紙本・屛風４曲１隻　1943年

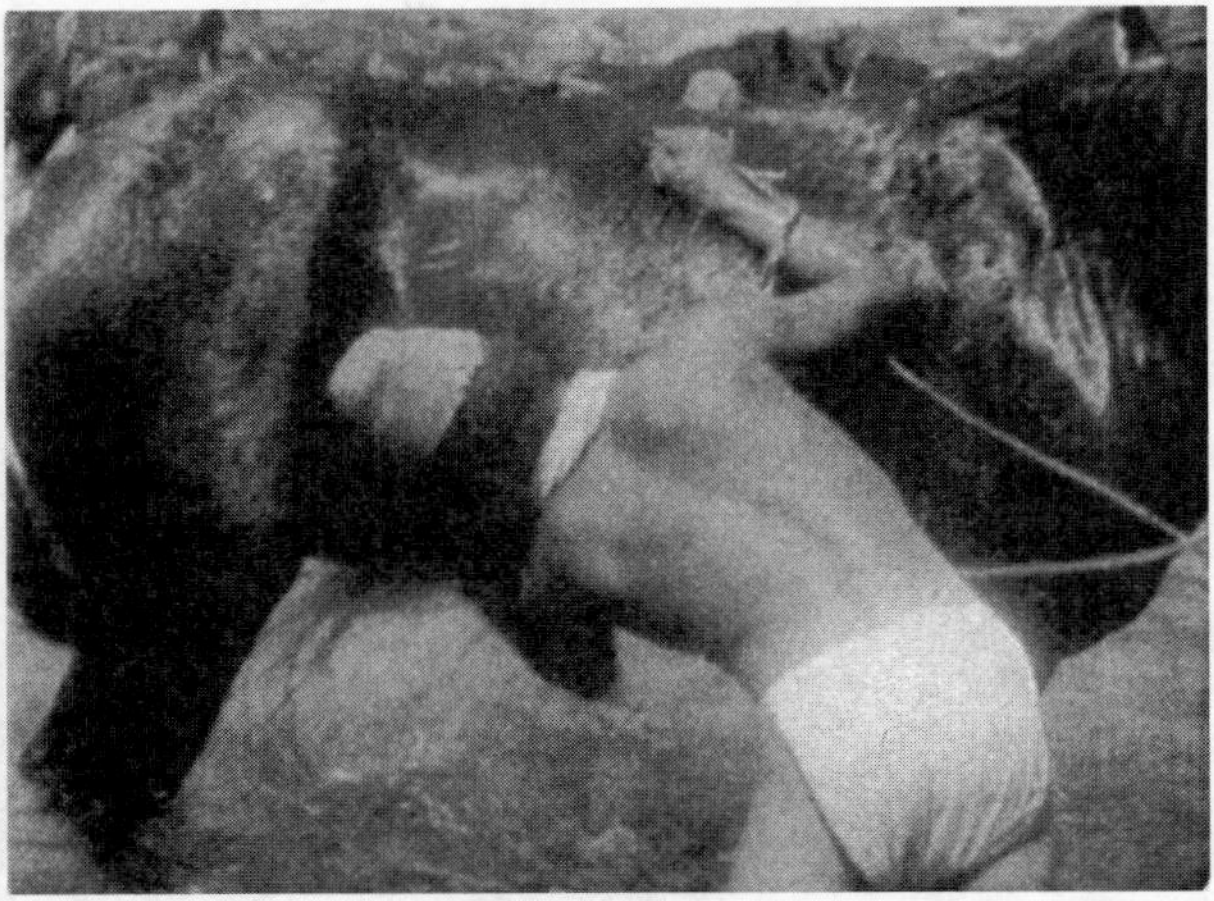

[図91]　ニュース映画の１カット　中支戦線の騎兵が軍馬を洗っている
1941年　『改定版　日本ニュース映画史』[1980年 毎日新聞社]

てこそ、撮影は可能になる。そして、軍は兵士らの褌が画面であらわになることを、いやがっていなかった。

しかし、褌に関する検閲がまったくなかったのかと問われれば、そうでもない。軍は自分たちの威信に、けっこうこだわった。兵の褌が尻からずれるような写真の報道には、注文をつけたこともある。

一九三七年に、杭州湾北岸へ上陸した部隊を写した写真がある。検閲では褌のだらしなさが、問いただされている。写真のなかでは、二人の兵が、尻に大きく斜線をいれられた。検閲の担

［図92］　杭州湾北岸海月安に上陸した部隊　この写真は、褌のずれが修整されることを条件に掲載が「許可」された　1937年　写真・毎日新聞社

当者は、褌の映像が修整されることを条件として、これの公表を許可している［図92］。

すべての検閲者が、まったく同じ姿勢で報道写真をあつかったわけではない。担当者によって、処理の匙《さじ》加減はまちまちであった。褌のぐあいなど、気にもとめない者だっていただろう。

いずれにせよ、軍の情報統制が褌の映像じたいをきらった形跡はない。基本的には、みとめている。もし、こだわりがあったとすれば、りりしい姿への執着だけであった。褌がきりりとしめられ雄々しく見える様子をこそ、銃後の人びとにはつたえたい。そんな想いなら、軍当局の一部にはあったと考える。

さて、山口華揚の『基地に於ける整備作業』である。画中の整備員は、みなパンツ一丁といういでたちになっていた。しかし、軍の担当者や情報局の検閲者が、褌をパンツにかえさせたとは思えない。そもそも、軍は軍人の褌姿をはずかしがっていなかった。むしろ、ほこらしく思っていたのである。

褌よりパンツのほうが、格好よく見える。そう考えた者がいたとすれば、それは画家のほうであったろう。

海水浴場では、遊び心のある都会の男たちが、水泳パンツをはきだしていた。褌での遊泳は格好が悪いと、一九三〇年代には思われだしている。すくなくとも、水着をビーチのリゾートウエアだととらえだした男たちのあいだでは。そして、この感性は、山口にもおよんでいたような気がする。

前に水泳へ言いおよんだところで、『裸体運動』(一九三二年)という本を披露した。「山田政一少将」の褌至上主義が紹介されている本である(10章)。そのさいは引用しそびれた一文を、ここにひいておく。

「海水浴や遊泳なども褌でやる事をすすめる……阪神沿海では、海水着を着てゐないと海水浴を許さないといふ警察の規則があるさうだが、そんな不合理な規則は一日も早く撤回したがよい。その規則は何故出来たかと言へば、ハダカでは、外人に見られてみつともないといふのである。そんな馬鹿な話があるものか……むしろ外人にもこの簡易にして衛生的、しかも美しい褌一本の海水着を教へてやらうではないか」

戦前の阪神間は、多くの西洋人が家をかまえたエリアである。夏には、海岸で日光浴や遊泳をたのしむ者も、おおぜいいただろう。区域によっては、引用文が言うとおり、褌を禁じたところもあったろうか。褌だけの裸では、彼らにたいして見ぐるしいから、と。

『裸体運動』は、褌のすばらしさを力説する。だが、西洋人のつどうエリアには、褌をしめだすところもあった。都会のやや浮ついた男たちも、褌をきらい水泳パンツにはきかえだしている。この勢いも、西洋的なレジャーを享受したがる心性に、ささえられていただろう。その意味では、褌を排除した阪神間と、モダンな風俗をわかちあっていた。

『裸体運動』の褌論は、そんな新時代の時勢にあらがおうとしている。そして、褌にこだわりつづけた帝国日本の陸海軍も、志をそちらの側においていた。欧米的なパンツではなく、日本の褌を良しとしたのである。

近代日本の軍隊は、どの組織よりはやく、西洋化にのりだしている。西洋化の推進母胎であったことも、くりかえし論じてきた。しかし、そんな軍隊も下穿きの褌には、強い執着をしめしている。

和魂洋才という言葉がある。和魂漢才から派生して、なりたった。表面的な形は西洋にならう。しかし、精神まではそちらにながされない。日本古来の考えを堅持する。そんな心構えのことを、よく和魂洋才と言う。近代化をめざした日本では、しばしばこの言葉が標語としてとびかった。

軍隊も西洋を手本とするいっぽうで、大和魂や日本精神をことあげする。和魂洋才を生きた組織の、その代表格であったと言ってよい。

表面に見えるところは、いちじるしく西洋化されている。武器、弾薬などをはじめとする軍備は、欧米のそれらにあやかった。衣食住にまつわる生活様式も、あちらにあわせている。それが、近代日本の軍隊であった。

ただ、ズボンの下にまとった褌だけは、日本の伝統をまもっている。洋装と言うしかない軍服の奥には、和の装束が生きていた。目には見えにくいところで、西洋化にあらがう姿勢をたもってきたのである。

その様子は、和魂洋才と言われるさいの和魂につうじあう。西洋化を余儀なくされた。そんな軍隊にとって、褌こそが大和魂のやどりうる例外的な衣裳だったのではないか。

褌をしめてかかるという言いまわしがある。気持ちをひきしめて物事にとりかかることを、そう言いあらわす。このイディオムでは、褌と人間の心が同じようにあつかわれる。精神が褌に投影されているかのような言葉の組立てで、この慣用句はできている。

パンツをしめてかかるという言いかたでは、志気があがらない。サルマタも、その点は同じである。やはり、褌をしめるという表現こそが、精神の集中をあらわしうる。そんな日本語の慣用句も、どこかでは軍の褌にたいする執着を、ささえたと考える。

こう書くと、軍刀もまた日本刀の形をとどめていると、反論をかえされようか。しかし、西洋に範をとった旧軍は、こちらも西洋式とするところからはじまった。一八七五年には、フランス式のサーベルを正式の佩刀《はいとう》として、さだめている。

以後、時代が下がるとともに、その形はあらためられていく。刀身を日本刀に似せることも、ふえだした。一九三〇年代のなかばには、サーベル風の軍刀が一掃されている。伝統的な日本刀を手本としたそれに、軍隊は刀を一新した。その意味で、和魂の勢いは軍刀にもおよんだのだと言ってよい。

だが、近代日本の軍刀は、一時期フランス風におきかえられた。褌のように、旧幕時代からかわらず、つかわれつづけたわけではない。和魂洋才というさいの和魂は、褌のほうに、より深くこめられたのだと考える。

話を『基地に於ける整備作業』という絵にもどす。山口華楊は、和魂の象徴でもあった褌を、パンツにさしかえた。だとすれば、帝国陸海軍の精神を、どこかではうらぎっていたことになる。

山口の『基地に於ける整備作業』を、戦争協力美術としてとらえる人は、多かろう。美術史的にも、そういう仕事として位置づけられている。私としても、そのことを全面的に否定するつもりはない。ただ、下着に関するかぎり、山口は反軍的な好みをいだいていた。そして、それを作品にみのらせたことは、強調しておきたく思う。

敗戦後に、日本はいわゆる武力を手ばなした。しかし、一九五〇年には、あとで自衛

［図93］　警察予備隊（のちの自衛隊）の入隊試験で身体検査を受ける受験者たち　東京・中野警察学校　1950年８月　写真・朝日新聞社

隊となる警察予備隊ができている。その志願者をあつめておこなわれた身体検査の写真が、のこっている。東京・中野の警察学校で撮影された一枚である［図93］。

やってきた男たちの約半分は、パンツをはいていた。だが、褌でかけつけた者も、少なからずいる。軍事むきの検査には、褌をしめてのぞんだほうがいい。そういう古い考え方も、まだまだのこっていたのだろうか。

だが、第三回の検査を写真で見ると、様子はちがう。褌は、ほぼなくなった。たいていの者はパンツで、参加している［図94］。

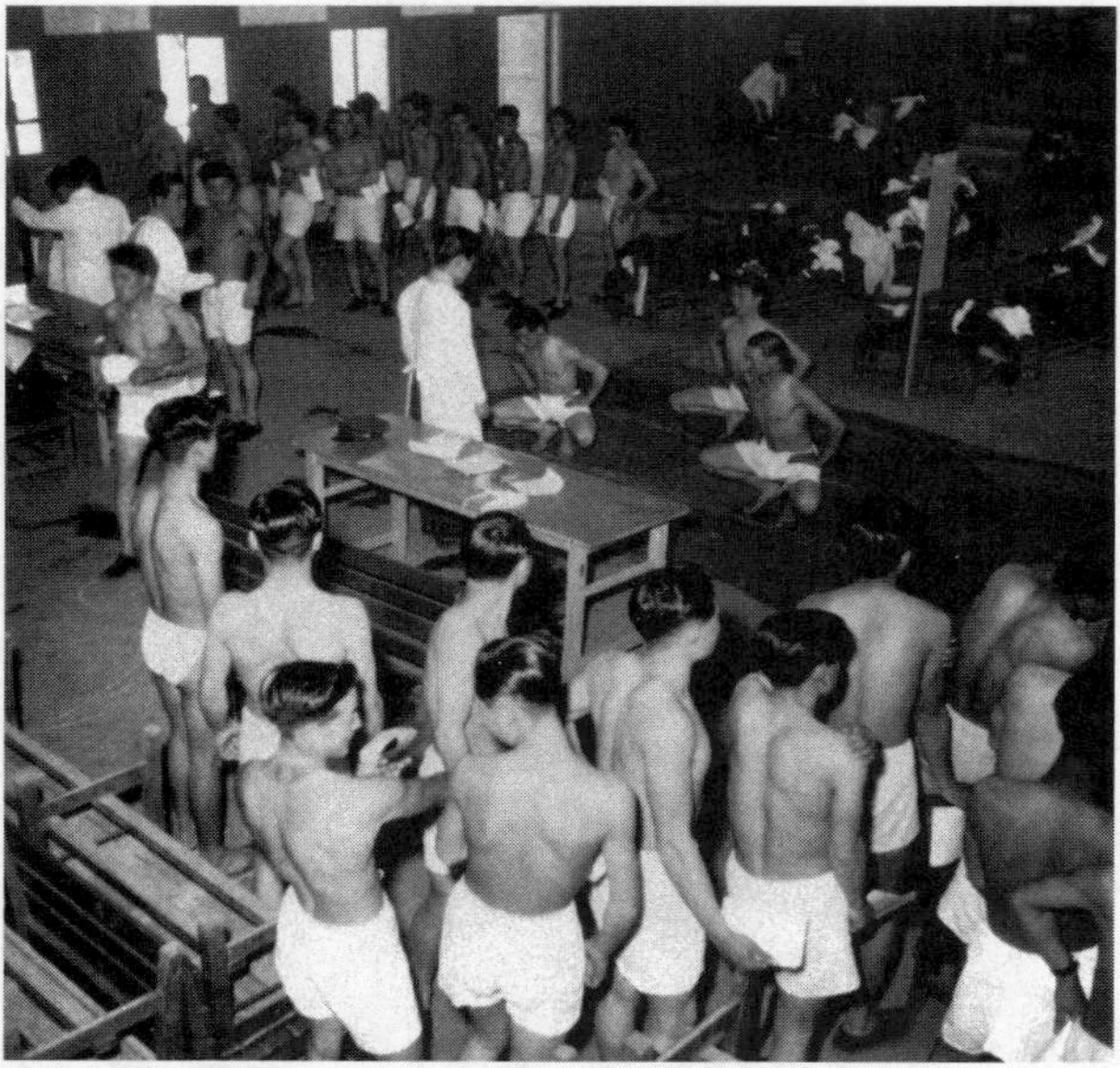

［図94］　警察予備隊がおこなった第３回入隊試験の身体検査　写真・毎日新聞社

初期の警察予備隊では、アメリカの軍事顧問が訓練を指導した。そのみちびきも、褌の数をへらすことにつながったのだろうか。そうであるのなら、山口の作品はきたるべきアメリカ流をさきどりしていたことになる。あまり指摘されていないことでもあり、ひろく注意をうながしたい。

さて、警察予備隊員の募集にさいしては、思想調査もありうるとする風評があ

［図95］　当時の吉田茂首相は警察予備隊員募集に際し、思想傾向への憂慮をほのめかした　それにたいする風刺画　［雑誌『真相』1950年9月号］

った。その噂《うわさ》を、当時の『真相』という雑誌が、イラストも作成しつつとりあげている（一九五〇年九月号）［図95］。

リトマス式の調査で、赤くなった者は左傾しているから採用しない。警察予備隊は、そういう右よりの組織だと、このイラストはからかっている。しかし、図のように酸性液へつければ、リトマス試験紙は、みな赤くなる。これでは、左傾の男を見つける指標にならないだろう。理科的には、おそまつな風刺だと言うしかない。

いずれにせよ、作画者は志願をしてきた男たちへ褌をはかせていた。軍事組織の身体検査なら、みな褌だろうと、どうやら思っていたようである。じっさいには、パンツ状の下着で応募をした者が、過半数をしめていた。進歩的に見えるイラストも、服装にたいする感覚はうしろむきだったということか。

山口華楊は、戦時体制に協力しつつ、軍の保守的な下穿きを否定した。『真相』のイラストは、新しい軍事組織を揶揄《やゆ》しながら、古い下着像にとらわれている。両者は、どうやら正反対の位置にたっていたようである。

14 上着と下着

ジョルジュ・ビゴーのイラストを、ここまで何度か紹介してきた。しかし、褌というテーマでビゴー好きが想起するのは、なんといってもつぎの二枚だろう［図96］［図97］。どちらも、夏の水辺を歩く日本の男に、光をあてている。上半身には、洋服をはおっていた。だが、下半身は履物と褌だけになっている。裸の尻と脚をさらしながら往来へでた男が、画題になっていた。どちらも、『日本人の生活』（一八九八年）におさめられている。

男はズボンをはいていない。あつい夏のさかりである。風とおしが悪いズボンのなかで下肢のむれることを、いやがったのだろう。まあ、［図96］の男は、褌の内側にさえ風をおくりこもうとしているのだが。

褌だけで屋外をゆききする男は、この時代ならおおぜいいた。とりわけ、夏にはその傾向が強くなったと思う。彫刻家の高村光太郎は、往時をこうふりかえる。「昔は一般庶民の家庭では、夏になると男は大てい褌ひとつの裸でくらした……褌ひとつで外を歩いてゐる人は珍らしくなかつたし、誰もこれを不思議がりはしなかつた」、と（「モデルいろいろ」『新潮』一九五五年五月号）。

［図96］「猛暑の股間」『日本人の生活』２号　ジョルジュ・ビゴー画　1898年

[図97]　「シンプルな夏の衣装」『日本人の生活』1号　ジョルジュ・ビゴー画　1898年

しかし、そういうよくいる男たちが、絵の主題になっているわけではない。洋服に袖をとおすような紳士でさえ、尻は丸だしにすることがあった。その意外性が、画題になったのだと考える。

こういう男たちが、どれほどいたのかはわからない。洋装で尻をだす写真の記録は少ないから、あまりいなかったような気もする。しかし、洋装の上半身に褌姿、つまり和装の尻という対比は、興味深い。こういう形の和洋折衷もありえたことを、考えさせられる。

もちろん、[図96]や[図97]のような格好は、時代が下るにつれへっていく。すくなくとも、銃後の往来からは姿をけした。戦争遂行上やむをえない、渡河行軍のような場面でしか見られないようになる。洋服をはおる人びとのあいだでは、夏にもズボンを省略しないマナーが定着した。

ただ、男たちの多くは、そんなズボンの下でも褌をしめつづける。ズボンをはいても、それにあわせて下穿きをパンツへかえはしなかった。和の下着である褌を、ずいぶんあとまでたもっている。軍袴、つまり軍用ズボンの下は褌という軍隊風につうじる形を、温存した。

一九二七年に『褌』（福富織部編）という本が出版されている。なかに、「犬と褌と人種の移動」（堀岡文吉著）という一文がある。その一部を、左にひいておく。当時の平均的な衣生活が、つぎのようにまとめられている。

「洋服を着るやうになつた今日も尚《な》ほ、赤褌や、黒褌や、白褌をしめて居る。これが真に国粋保存の随一であらう……今日『洋服』をば西洋かぶれのした連中が盛んに用ゐつゝあるが……『洋服』を着てもよいから其下には常に褌をしめて居たいものである」

洋服をはおっても、局部と尻には褌をしめる。そんな当時の現状を、伝統保存につながると、この文章はことほぐ。これからも、洋服の下は褌でありたいとのべていた。

ただ、軍隊とはちがい、褌からパンツへはきかえる男も、銃後の市中ではふえていく。ここに、一九四三年の徴兵検査や適性検査が写った写真を、二点紹介しておこう。少年飛行兵募集［図98］と海軍予備学生志願［図99］の様子を、見てほしい。

兵隊募集の網は、時代が下るにしたがい、若年層へもひろがった。とうとう、まだ褌をしめない、パンツを常用する世代をも、とらえだしている。これらの写真は、そういう軍部のあせりを反映していると、うけとめうる。

しかし、同時に下着の変化も、うかがえなくはない。若い男たちの多くは、パンツやサルマタになりだした。一九三〇年代後半から四〇年代にかけて、褌からの脱却がすす

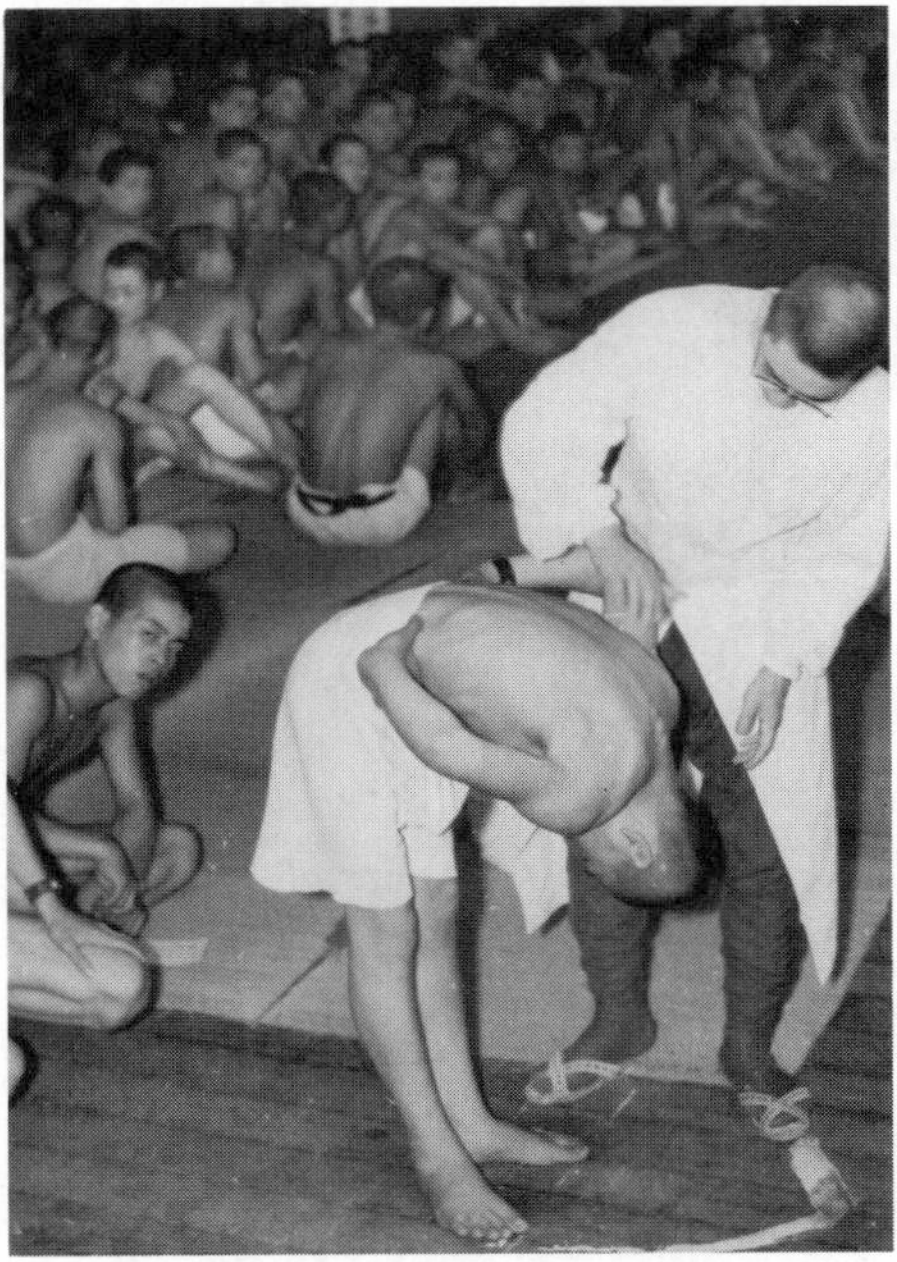

［図98］　陸軍少年飛行兵志願者の身体検査　神戸・雲中国民学校　1943年７月　写真・朝日新聞社

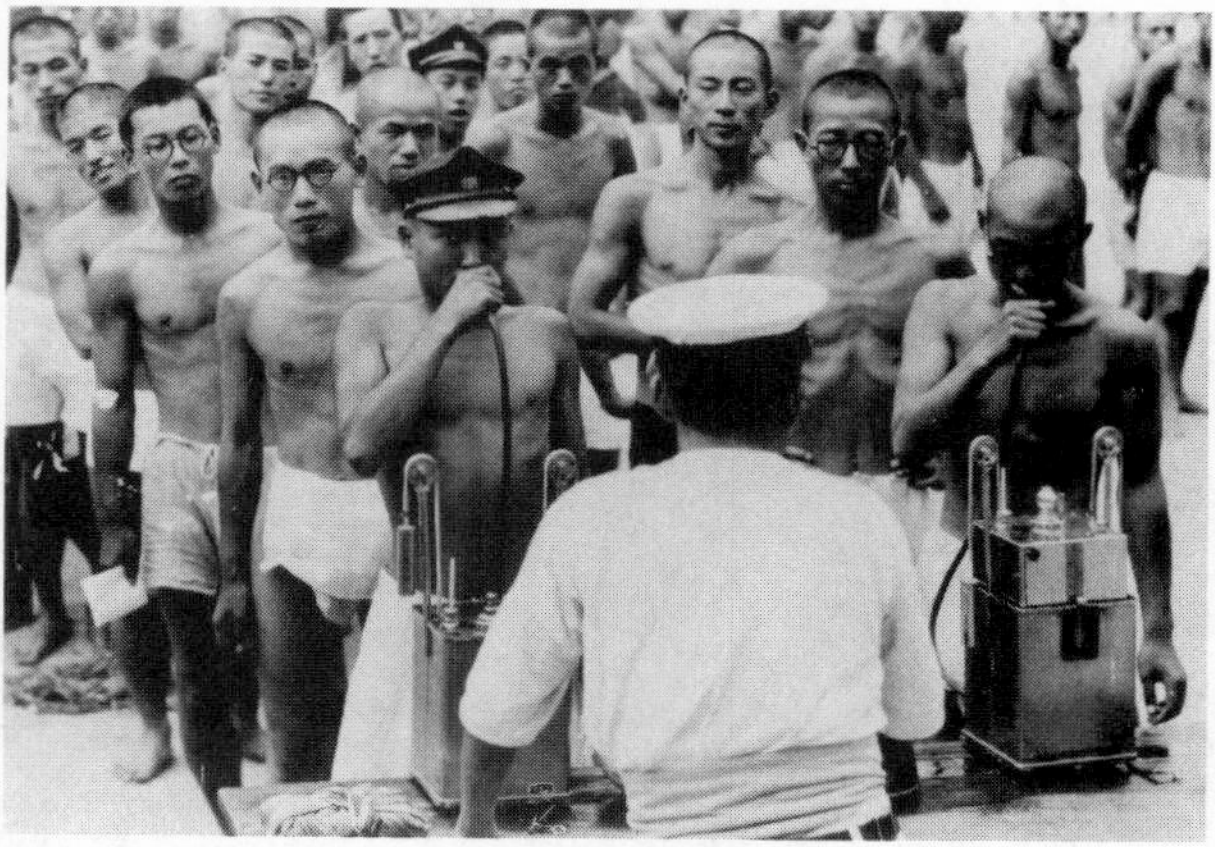

［図99］　肺活量検査を受ける海軍予備学生志願の学生　大阪・大倉商業校庭　1943年８月　写真・朝日新聞社

んだことも、読みとりうる。

一九五〇年に警察予備隊がおこなった身体検査では、パンツが半数になっていた。戦後のそんな状況は、どうやらこういう趨勢の延長上にもあるらしい。二〇世紀なかごろの下着事情は、一九三〇年代から形成されだしていた。戦前戦時と戦後のあいだに、大きな断絶があったというわけではなさそうである。

山口華楊が［図90］をしあげたのは、一九四三年であった。整備員たちの下穿きを、みなパンツにしていたことは、すでにのべたとおりである。このパンツ化も、［図98］や［図99］でしめした情勢に対応していたのかもしれない。

ただし、パンツで検査をうけた男たちも、入隊後は褌にあらためさせられた。帝国陸海軍の軍人は、褌の着用をおしつけられている。その点を重視すれば、警察予備隊とのあいだには、ギャップがあると言うしかない。

いずれにしろ、男たちははやくから洋装になじみだしていた。とりわけ、オフィスワークへ従事する者に、その傾向はいちじるしい。一九二〇年代の銀座街頭調査では、六割強の男が洋装になっている。いっぽう、下着だけは一九三〇年代後半まで、なかなか西洋化がすすまない。とりわけ、成人男子のあいだでは。

上着と下着の洋装化は、男子の場合、上着のほうがさきがけた。両者のあいだには、すくなくとも十数年、ながく見つもれば、半世紀近くの間隔がある。上着が洋服になったあと、ずいぶんたってからなのである。下着が西洋風になったのは。

いっぽう、女子の服装は、ながらく和風のまますえおかれた。一九二〇年代の銀座街頭調査でも、洋装率は微々たる数字にとどまっている。

「日本人の洋服観の変遷」と題された論文がある。教科書裁判で有名な家永三郎の仕事である。この論文は、一九五二年に書きだされた。さらに、あとあとまで、増補改訂をくりかえす。最終的にまとめられたのは、一九八二年である（『家永三郎集 第四巻』一九九八年）。

そのなかに、女性の洋装化をきらう一九三〇年代までの記録が、紹介されている。孫引きとなるが、一部をここにもひいておく。まずは、河村幹雄（九州帝大教授）が、呉《くれ》の鎮守府でおこなった一九二七年の講演から。

「家庭ノ中ニアル婦人コソ日本ノ文化ヲ自ラ握リ之ヲ子孫ニ伝ヘルモノデアル……男子ハドウナッテモヨイガ、婦人ト子供ハ……外国化シテハナラヌ」

男が洋服になるのは、つとめもあるからやむをえない。だが、女には家のなかで日本文化をまもり、次世代へつたえる役目がある。だから、洋服になど着がえてはならないという。

一九三四年に、松田源治という当時の文部大臣が記者会見をおこなった。そのなかで、大臣はのべている。「今頃の若い女は……断髪だの洋装だの、ろくな真似はせん」、と（『東京朝日新聞』一九三四年八月三〇日付）。女性の洋装を不快がる発言は、おおっぴらにみとめられていた。公論のひとつとして、まかりとおっていたのである。

さらに、家永は一九二七年前後の、ある裁判をふりかえる。夫の母、つまり姑《しゅうとめ》を殺害しようとしたことで、ひとりの女性がうったえられた。彼女の人柄をも非難しようとした検事は、法廷で言いはなったらしい。「被告は平常洋装して、英語を習いに自転車で通っていた。この軽薄なる挙措……」、と。

「洋装」は「軽薄な」振る舞いとして、司法の場でも語りえた。女たちが洋服姿になることは、それだけけむたがられたのである。洋裁学校の生徒でさえ洋服での外出をためらったのは、そのためでもあったろう。

男たちの場合でも、一九世紀のなかごろには、洋装が反発をひきおこした。攘夷思想や排外思想が、夷狄の装束にくみする態度を、ねじふせようとしたのである。だが、軍隊や官庁筋から、こういう服装観はくずれていく。一九二〇年代には、都会のオフィスワーカーも、その多くが洋装となった。

洋装への強い嫌悪感が、男たちの場合は、二〇世紀初頭までしかつづかない。それが、女たちにたいしては、一九三〇年代までたもたれた。

にもかかわらずと言っていいだろう。女性にむかっては、ズロースをはけという声が、一九二〇年代から高まりだしている。ズロースは、洋装下着の下穿きをさす言葉である。のちに、パンティ、ショーツとよばれる下着の、さきがけをなしている。その洋装下着をすすめる気運が、とりわけ関東大震災（一九二三年）後には、高まりだす。

それまでの女たちは、局部がじかにつつめる下穿きを、はいてこなかった。だから、股を大きくひらく動作には、なかなかふみきれない。活発には、ふるまいづらかった。その弊害が大震災で露呈し、ズロースの着用が奨励されたのである。

その声は、時代が下るにつれ、大きくなっていった。また、一九三〇年代のおわりごろから、ズロースは、若い世代にひろがりだしている。その経緯は、前に『パンツが見える。』（二〇〇二年）という本で書いた。詳細は、そちらへゆずりたい。

くりかえす。一九三〇年代なかごろまで、世間は女性の洋装を否定的にとらえてきた。しかし、洋装下着のズロースは、はやくから推奨されている。つまり、和服の下は西洋的なパンツという状態が、肯定された時代もあったのである。上着は和風のままがのぞましい。だが、下着ははやく洋装になれ、と。

洋装の自由を抑圧されてきた女たちも、水着だけははやくからみとめられている。私はさきにそう書いた。しかし、下着も一般的な洋装にさきがけ着用しろと言われたアイテムに、かぞえうる。現実に普及しだした時期は、洋装水着のほうがはやいのだけれども。

もういちど、話を下着に限定する。男たちのあいだでは洋服の下に褌という状態が、しばらく継続した。いっぽう、女たちには和服の下を洋装のズロースとする時代が、いくらかつづいている。上着と下着で、和洋の衣服をつかい分ける。そんな現象が、男と女では、それぞれ逆の方向に作用したのである。

日本近代のジェンダー史を分析するさいに、このことはあまり語られてこなかった。あえて、力説するゆえんである。

ついでに書くが、二一世紀の今日なお、和服を常用する男たちはいる。たとえば、噺家《はなしか》たちがその例にあげられる。大学の構内にも、和装の学生はいる。その大半は落語研究会、いわゆる落研《おちけん》の面々でしめられよう。あるいは、茶道や能狂言のサークルもありえようか。

しかし、彼らの多くは褌などしめていまい。下穿きはパンツ、ブリーフかトランクスになっていよう。表面を和装にしても、アンダーウエアは洋装ですごす。それが、若い和装男子の平均値、今日的なキモノ生活だと思う。いや、中高年男性の和装でも、それが一般化しているのではないか。

かつての男たちは、洋装に身をつつんでも、下着が褌という状態をたもってきた。和装の場合は、言うにおよばない。まちがいなく、褌をしめていた。だが、今の和装男子は、たいてい下にパンツをはいている。以前の女子が、しばしばズロースばきの上へ、和服をはおったのと同じように。

今でも、褌にこだわる愛好家が、いないわけではない。だが、その割合は、よほど小さくなっている。かつては、圧倒的多数の男たちが、日常的にしめていた。今は、和装者でさえはかなくなっている。褌の時代はおわったのだと、かみしめる。

15

下着の転換期

ミステリー作家の都筑道夫に、『影が大きい』という短編がある。一九六一年に書かれた作品である。なかに、当時の下着事情をうかがえるくだりがある。

主人公の渡辺たちは、男だが、敵対勢力からホールドアップをせまられた。シャツやズボンも、武装解除の証《あか》しとして、ぬぐようもとめられている。この命令に、渡辺は問いかえす。「パンツ、サルマタ、六尺、越中のたぐいまで、取りさることを希望するかね?」、と。

パンツと褌が、互角に例示されている。パンツは普及しつつあったが、まだ褌もすたれきっていない。そんな時代状況が、見てとれる。

そして、渡辺たちはズボンをとりさった。下着だけは、はきつづけることをみとめられている。その様子は、こうしめされる。「渡辺は六尺一本、新吉はパンツひとつで、立っていた」、と。作者はこの場面で、褌とパンツをイーブンにあつかったようである。

二〇世紀のなかごろから、褌はパンツにおされだす。とってかわられるようになっていく。しかし、しばらくのあいだは褌姿も、きえさらない。その様子を、当時の画像などからさぐっていく。

［図100］　キティ台風で鉄道駅が渡船場に一変　東京・平井駅　1949年9月2日　『画報 現代史 第七集』［1954年 国際文化情報社］

一九四九年の八月末から、九月はじめにかけてのことであった。占領軍からキティと名づけられた台風が、日本をおそっている。関東および甲信地方には、そのため大きな被害が発生した。

鉄道の敷地へも、洪水がおしよせている。駅の構内にも、水のついたところはある。船着場のように、小舟で人や荷物をはこんだ駅舎も、なかったわけではない。そういう光景を写した写真も、のこっている［図100］。

まだ、夏の熱気がのこっていたせいもあろう。被写体となった小舟のこぎ手は、ほとんど裸である。もうしわけ

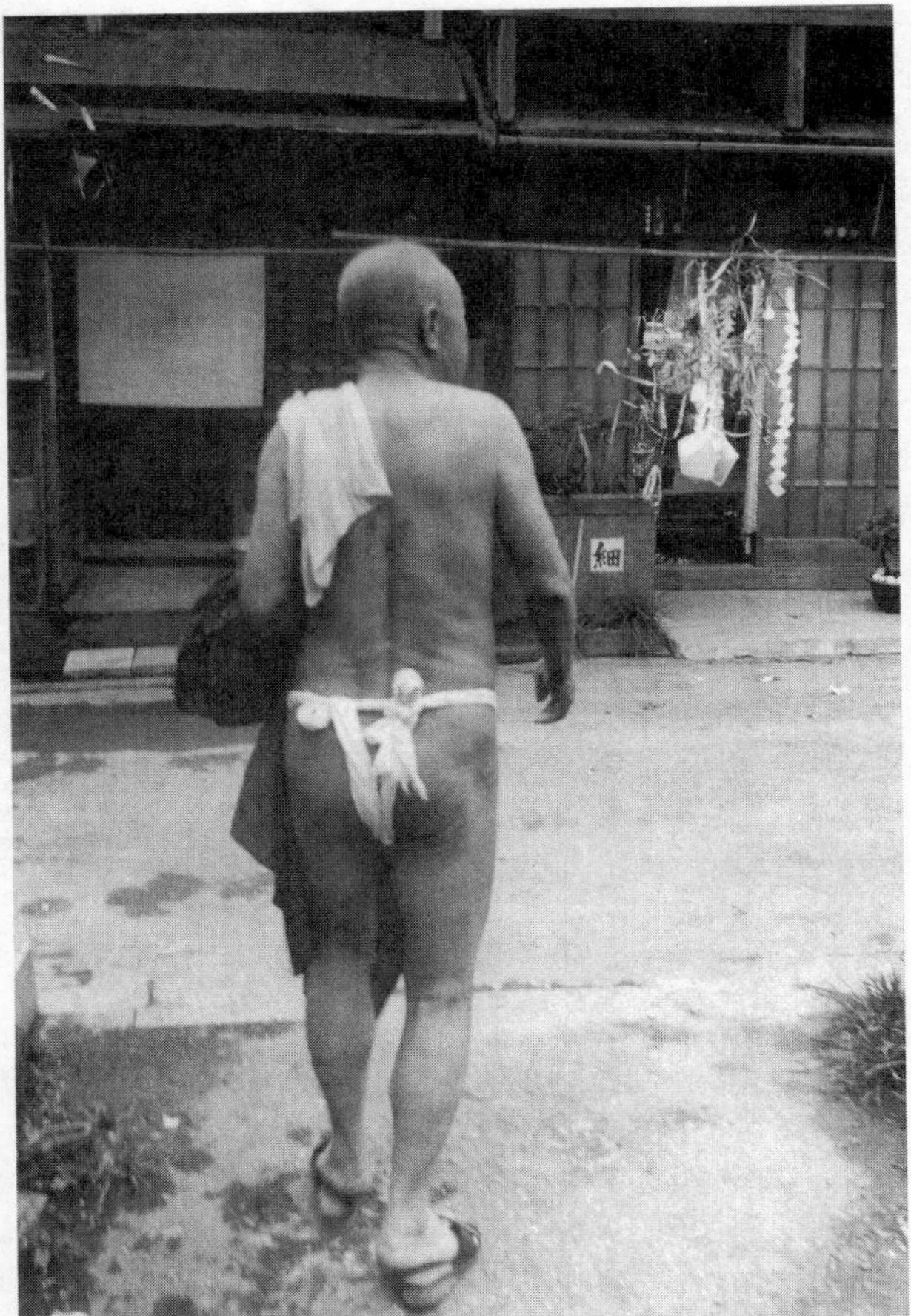

[図101]　褌姿の銭湯帰り　東京・佃島　1963年　写真・中田和昭
[画像提供・東京都江戸東京博物館／ DNPartcom]

ていどに、ただ局部だけをおおっていた。しかも、六尺の褌で。二〇世紀のなかごろだが、いぜんとして褌は生命力をたもっていたようである。

［図101］は、一九六三年に撮影されている。写されたのは、東京の佃島《つくだじま》、今の中央区佃である。銀座からは、二、三キロぐらいしかはなれていない。隅田川でへだてられてはいるが、都心と言うしかない地区である。そして、そんな立地でも、褌だけの男性は往来を歩いていた。ここでは、銭湯から家へ裸でかえっていく姿が、カメラにおさめられている。

さすがに、男性の年齢は高そうである。初老をむかえたころであろうか。そして、このぐらいの年嵩《としかさ》になると、一九六〇年代の東京でも褌の人はいた。

軍人募集の身体検査が写った一九四三年の写真を、もういちど見てほしい［図98］［図99］。徴兵や志願の若い男たちは、その多くがパンツやサルマタになっていた。若い世代は、はやくからパンツ状の下着にかわっている。しかし、高齢者はおそくまで褌をとどめていたことが、見てとれよう。

一九五七年に、徳島県でひとりの老人が死亡した。仕事をやめてからは、酒びたりの、といっても焼酎だが、余生をおくったらしい。その死に感じるところがあったのだろう。『週刊新潮』（一九五七年二月四日号）が、イラストもそえこれを報じている［図102］。老人の没年は、「六十くらい」であったという。その年齢なら、褌だと判断したのだ

焼
酎
FOT
徳島の酒飲み爺
「年寄りは酒でもくらって
死んだ方がましだ」

［図102］　徳島の酒飲み爺　針すなお画　『週刊新潮』「新聞閲覧室」　1957年2月4日号　新潮社

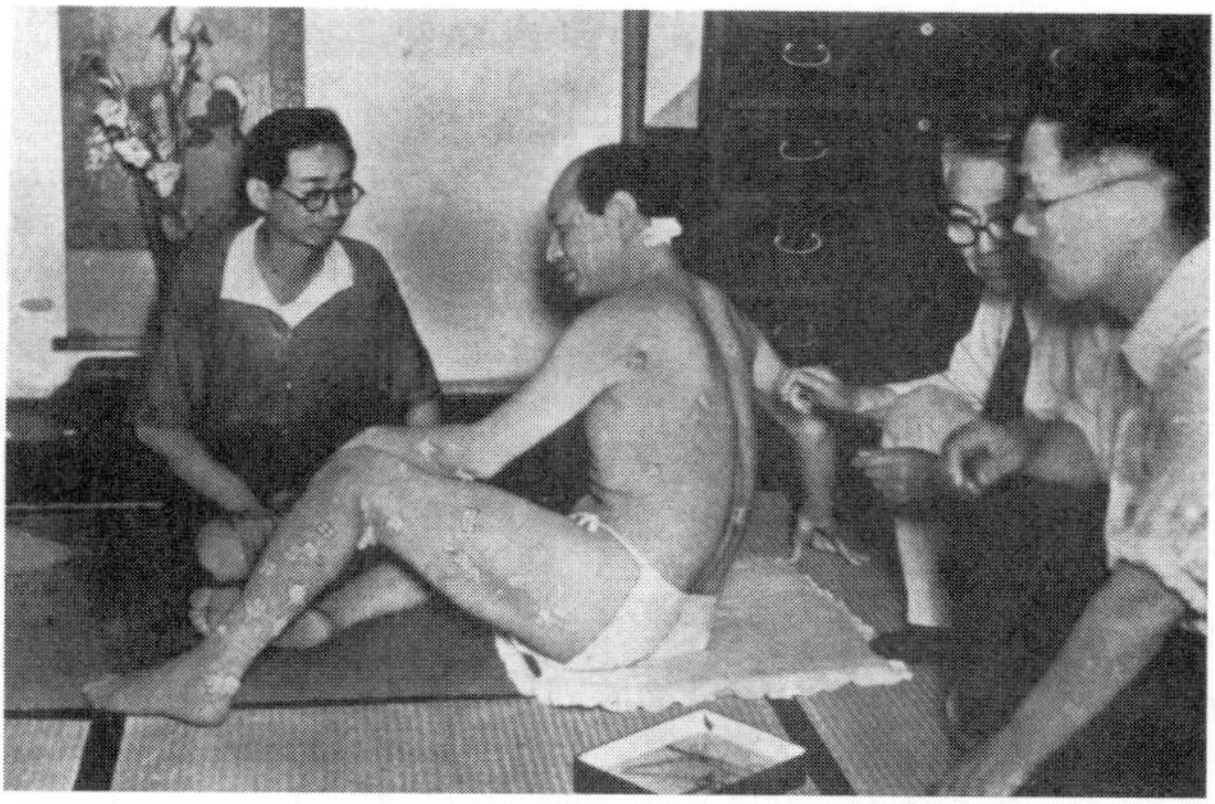

［図103］　テロに遭った徳田球一 1948年７月19日 『画報 現代史 2』［2000年 日本図書センター］

ろう。作画者は、棺桶《かんおけ》におさまった老人に褌を、越中だが、はかせていた。このいでたちが、湯灌《ゆかん》などの様子を見て、リアルに描写されたそれだとは思えない。想像図であろう。そして、当時の「六十」にたいする平均的なイメージは、こうだったのだと考える。

少し時代をさかのぼる。一九四八年のことであった。七月に、共産党の書記長・徳田球一が、テロの標的となっている。佐賀市の公会堂で演説をしている最中に、爆発物をなげられた。おかげで、全身に傷をおわされている。その映像記録もある［図103］。見れば、やはり褌をしめている。戦前の

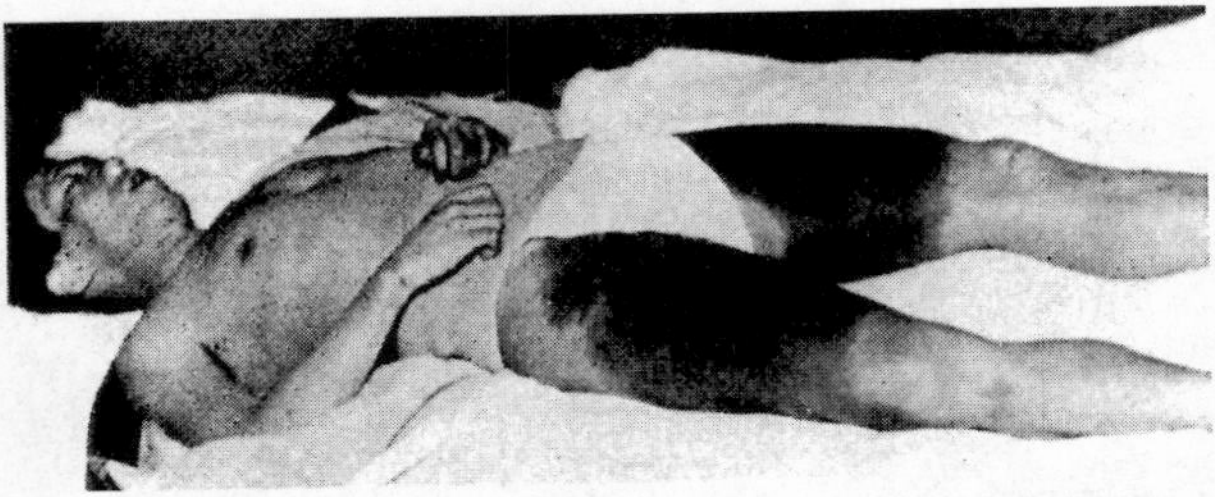

[図104]　小林多喜二の遺体　1933年２月22日　『大日本帝国の戦争１・満州国の幻影1931-1936』[1999年 毎日新聞社]

徳田は、モスクワのコミンテルンへでかけたことがある。ソビエトへ潜行したこともあった。国際経験のある進歩思想の持ち主に、ほかならない。それでも、下穿きは越中褌だったのである。

その十五年前に、やはり左翼の小林多喜二が死亡した。特高警察の拷問で一九三三年になくなっている。その死体も写真にとられ、記録としてのこされた。両腿の変色は、当局の暴行でおわされた傷の大きさをしめしている[図104]。

この写真は、特高の横暴ぶりをつたえるために、多くの媒体で利用されてきた。私も、見ればいたましく感じる。しかし、風俗史の学徒としては、褌がしめられていたことも見すごせない。

多喜二はプロレタリア文芸運動の旗手である。当時の尖端的な思想を生きた表現者に、ほかならない。しかし、そんな前衛も下穿きは褌にしていた。舶来風のパンツなどは、はいていない。

帝国日本の軍隊は、兵士に褌をしめさせた。そのことは、これまでにもくりかえしのべている。ひょっとしたら、その叙述でかんちがいをされたかもしれない。褌は体制的、かつ反動的な下着である、と。しかし、そんなことはない。反体制的な左翼陣営の人びとも、ある時期までは褌をしていたのである。

時代の風俗は、その時代に生きる人びとのくらしを、ひとしくつつみこむ。思想や信条のちがいなどのりこえ、束縛する。帝国陸海軍と左翼陣営は、立場がまったくちがう。その両方に、褌はゆきわたっていた。それが風俗の力なのである。

なお、戦前の左翼非合法活動をささえた女性は、はやくからズロースを身につけた。この点についても、私は『パンツが見える。』という著作でくわしくのべている。詳細はそちらにゆずる。

ここでは、タカクラ・テルの回想を紹介するだけにとどめたい。タカクラは往時を知る生き証人のひとりである。その記述は多くの問題をふくむ。しかし、以下の指摘じたいは妥当である。「男と同じに活動しなければならない共産党員の女が、ふつうの女に先んじてズロースをはきだした」(『女』一九四八年)。

ただし、男の活動家たちは、おそくまで褌を堅持する。いっぱんの男たちと同じように。いっぽう、左翼運動に共鳴した女たちは、彼らとちがい舶来の下着へ傾斜した。男の共産主義者が褌にとどまっている時期から、ズロースをはきだしている。女に洋装下着の着装をうながした趨勢は、なかなか男へおよばなかったということか。

いっぱんに、近代日本の洋装化は男から女へとひろまっている。だが、水着は、まったく逆の筋道をたどりながら普及した。下着でも、洋装化は女のほうがさきがけている。そう私は、のべてきた。左翼の場合は、女たちによるこの例外的な先駆性が、よりきわだつようである。

べつの角度から、褌のことを考える。こんどは、戦前戦後の時代劇映画に注目してみたい。丁髷《ちょんまげ》をゆい、江戸時代以前の姿をよそおった男たちが剣劇をくりひろげる。そんなシーンが売り物となる映画を、歴史的にふりかえってみよう。

私は映画史に、あまりつうじていない。しかし、戦前期のスチール写真を見て、いやおうなく気のつくことがある。ヒーロー役のスターが、殺陣《たて》の場面で褌を見せつけながら、見得をきる。そんな写真の、けっこうあることがわかってくる。たとえば、以下のような映画にそれは見てとれる。

『雄呂血』　阪東妻三郎主演　一九二五年。

『鞍馬天狗異聞・角兵衛獅子』　嵐寛寿郎主演　一九二七年。

『血煙　高田の馬場』　大河内伝次郎主演　一九二八年。

戦後の映画にも、脚をひろげ褌を見せる例がないわけではない。一作だけ、あげておく。

『大江戸五人男』　阪東妻三郎・市川右太衛門主演　一九五一年。

映画通ではない私が、ざっと見わたしただけである。ていねいにさがせば、もっと見つかるにちがいない。古い時代劇映画では、褌ののぞく場面も、映画の景気ぞえになっていた。そのことは、まちがいないと思う。

越中《こしなか》文俊がまとめた『褌ものがたり』（二〇〇〇年　心交社）に、「褌《ふん》チラ」という言葉がある。パンチラならぬ褌のチラリズムに、かつての時代劇好きはときめいたものだと

［図105］　花道を見あげる表情　北沢楽天画　『楽天漫画集大成　明治編』（1974年）［提供者「さいたま市立漫画会館」］

いう。とりわけ、女性の観客は。

　しかし、どうだろう。往年の大スターたちは、しばしば股を大きくひらいている。褌を見せびらかしているような気配も、ただよう。かくそうとしても、ときおり見えるチラリズムとは、ちがうような気がする。あるいは、じらしながらちらつかせる振舞いにも、なっていまい。私は「褌・見せ」、「褌誇示」ぐらいのほうがふさわしいと考える。あるいは、「褌モロ」か。

　漫画家の北沢楽天が、二〇世紀初頭に『花道際から舞台面』という絵を描いている。歌舞伎の観客が花道ぞいの客席から、役者をあおぎ見る構図になっている。「中

［図106］　映画『砂絵呪縛』（1927年）の主役・森尾重四郎（俳優は阪東妻三郎）　［絵・井上章一］

には曲線美を覗く女もある」。絵の説明書は、そうしるしてもいた。歌舞伎でも、俳優の褌をたのしむ客はいたということか［図105］。

越中の『褌ものがたり』は、阪東妻三郎のりりしい姿を、写真で紹介している。『砂絵呪縛』（一九二七年）のスチール写真である。褌を見せつけながら、ポーズをきめている。今の私が見ても、なかなかかっこいい。これを、私のまずい模写で恐縮だが、ひきうつす［図106］。

［図107］は、『鳴門秘帖』（一九二六〜二七年）という映画のポスターである。主役の褌があらわになった場面を、描いている。褌には、それなりの色気と艶があったのだろう。でなければ、ポスターもこういうふうには、とりあげなかったはずである。あるいは、スチール写真がわざわざ写すことも、ありえまい。

しかし、一九五〇年代後半からの時代劇映画は、褌ののぞくシーンをとらなくなる。「ある時代を境になぜか褌チラはほとんど見られなくなってしまった」。『褌ものがたり』の越中も、そう書いている。

褌愛好家の越中にはもうしわけないが、あえて言いきろう。男の褌が大衆的な規模で色気を発揮できる時代は、おわったのだ、と。男たちの多くが、褌からサルマタやパンツに下穿きをかえていく。その後者が、決定的に優勢となった時点で、時代劇映画は褌のアピールをすてたのである。

［図107］　映画『鳴門秘帖』のポスター　昭和初期

かつて、『週刊男性』という雑誌があった。その一九五八年六月一一日号に、おもしろい記事がある。「フンドシ姿に性的魅力」と題された文章が、そこにおさめられていた。

男性下着をてがける某工場が、ひろく女性にアンケートをつのったのだという。どういう下着を、あなたは男性用としてこのみますか、と。答えた女性の人気は、「ブリーフと呼ばれる、模様つきのパンツ」にあつまった。だが、褌を支持する声もけっこうあったらしい。

「今や、若い男性から、まったく嫌われて」いる。「近頃ではすっかり下火になっ」た。そんな男の褌に、「性的魅力がある」という女性も、少なからずいたようである。

これは、いったいどういうことなのか。その理由を、『週刊男性』の編集部は、一九五八年にこう推しはかった。「時代劇映画の影響ではないだろうか」、と。時代劇の花形俳優が、さかんに自分たちの褌姿を、画面でアピールした。そのせいで、褌は性的な訴求力を獲得したのだろうという。

この推測があたっているのかどうかは、わからない。しかし、時代劇映画はスターたちの褌を、一九五〇年代なかばごろまで見せつづけた。その残像が、多くの女性にやきついた可能性はあるだろう。

そして、一九五〇年代後半には、若い男たちが褌を見かぎりだしていた。まもなく、時代劇も褌を見せなくなる時代に、さしかかっていたのである。『週刊男性』の、いま紹介した記事は、ちょうどそんな移行期に浮上したのだと考える。あるいは、編集者が越中の言う「褌チラ」の記憶をとどめている時期に、と言うべきか。

さて、敗戦後に教育制度があらたまったことは、よく知られる。たとえば、中学以上の男女共学が実現した。埼玉県加須《かぞ》市の高校も、この変化に対応する。さっそく、共学の象徴として、同校の本館前に男女生徒の彫刻を設置した。女子二人がならぶ『ゆき』と、男子ひとりの『我等』がそれである。前者は洋装だが、後者は褌一枚の裸体像として制作された［図108］［図109］。

褌だけでたつ姿が、当時はすこやかに見えると考えられたのだろう。すくなくとも、学校当局者のあいだで、これをうとむ声が多数をしめていたとは思えない。敗戦後も、しばらくのあいだは褌が肯定的にうけとめられていたことを、見てとれる。

［図108］『ゆきき』（右）と［図109］『我等』の彫像　男女共学となった埼玉県立不動岡高校の校庭に建てられた法元六郎の作品　写真・不動岡高校

ただ、若い世代、生徒の好みは、しだいにパンツへうつりだしていた。違和感をいだいた者も、けっこういたような気がする。なお、彼らは毎朝、褌像の前をとおって教室にはいっていったという。

もういちど、[図100]と[図101]を見てほしい。ここまではこれらを、まだ褌の男たちがいた証拠として、もちだした。しかし、それ以上に注目してもらいたいところがある。彼らは、褌一丁という姿で、人の眼もある場所へでむいていた。言葉をかえれば、そのいでたちを、はずかしがってはいなかったのである。

パンツをはいた現代の青年が、パンツ一丁で表を歩くのは、むずかしい。なかなか、勇気もいる。それは、下着のパンツが、かくすべき衣裳だと思われているせいである。

だが、褌の男たちは、かならずしも褌のことを、そう感じていなかった。むしろ、逆にいなせな衣裳として、ほこらしく思っていたぐらいかもしれない。すくなくとも、格好の悪いぶさいくな下着だとは、うけとめていなかった。だからこそ、芸能の世界では、褌の誇示もありえたのだと考える。

16

見上げれば、屋根屋の褌

はたらく男たちの姿がわかる図像の記録を、しばらくおいかけたい。とくに、体をうごかす仕事、肉体労働に従事した者のいでたちへ、目をむけよう。

[図110]は、『東京二十四時』と題された生活の図像記録である。一九〇九年にスケッチされた図から、「庶民のしごととくらし」を四点ひいておいた。多くの労働者が褌一丁ではたらいていた様子を、見てとれよう。あつい日には、腰巻だけの女性をふくめ、裸ですごす者もおおぜいいた。

余談だが、右上の図では、「屋根や」の仕事ぶりもうかがえる。六尺褌の尻を、地上の人びとへどうどうとさらしている情景が、よくわかる。『男はつらいよ』という映画で、主人公の車寅次郎は、よくこんな啖呵《たんか》をきっていた。「見あげたもんだよ、屋根屋の褌」、と。あれは往時の実景であったことも、しのべよう。

屋根の修繕につとめる職人のイラストを、もう一点紹介しておく。『現代漫画大観 職業づくし』（一九二八年）に収録されたヒトコマである。やはり、職人は屋根の上から、こちらは、越中褌の尻を見せている[図111]。

もっとも、『現代漫画大観』は、とくにそのことをおもしろがっていない。「屋根やさん」が、地上にほしてある腰巻を見おろし、興じている。そんな「行儀の悪」さが、このコマでは、笑いの対象となっていた。「屋根屋の褌」じたいは、よく見かける日常的な光景だったということか。

余談ついでに、のべそえたい。『男はつらいよ』のシリーズ第十六作に、おもしろい場面がある。寅次郎はそこで、妹さくらの夫である博と口論をくりひろげた。そのやりとりを、ひいておく。

寅　新しい褌を着ければ、体中キリッとするんじゃないか。
博　僕はパンツですよ。
寅　あ、そうか。お前のようなパンツ野郎とは話し合いにならないよ。
博　パンツを履いて、どこが悪いんですか。

この応酬が第十六作にあることは、『褌ものがたり』でおしえられた。ねんのため、のべそえる。それはともかく、ふたりの会話は、パンツか褌かという論争になっている。どうやら、寅次郎は褌派という設定になっていたようである。

しかし、シリーズ全体を見わたしても、寅次郎の褌姿はでてこない。一九六九年から

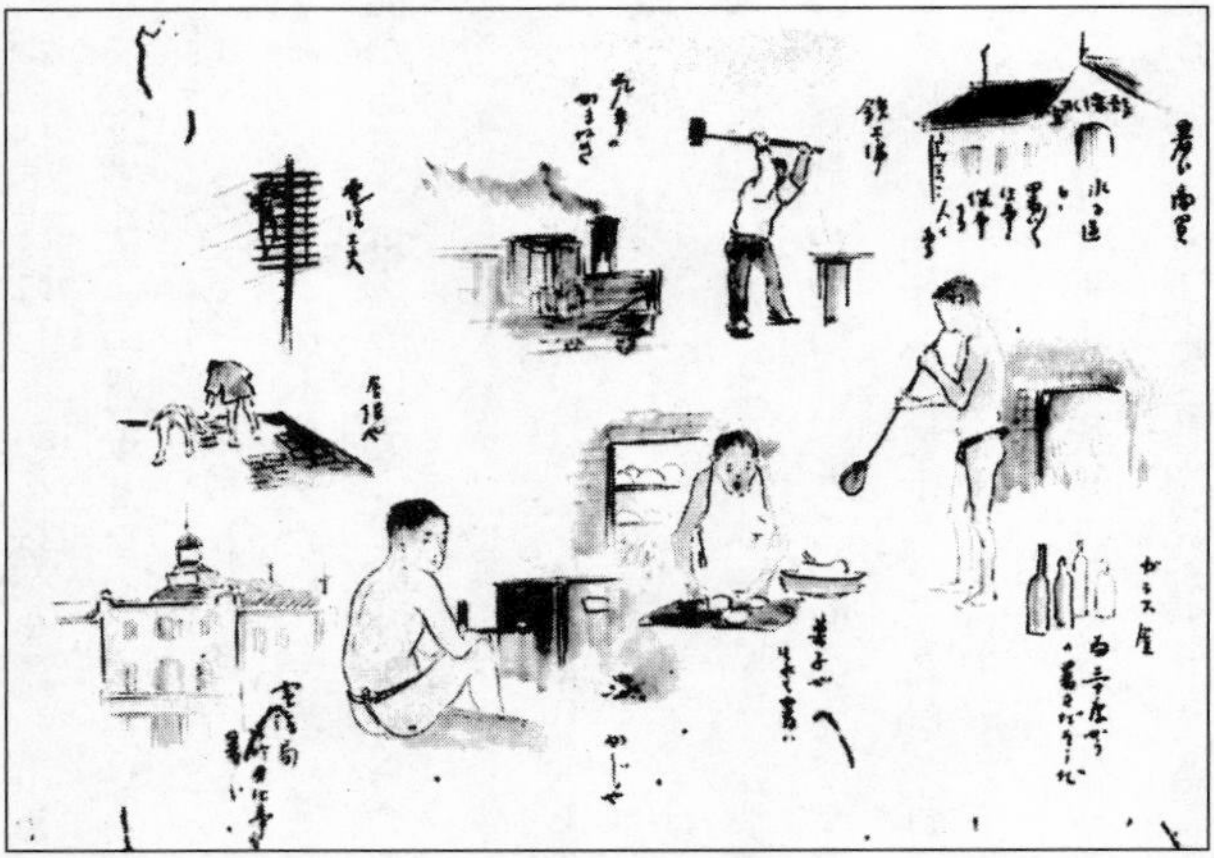

水道行水
行水

［図110］『東京二十四時』 1909年 東京都立中央図書館

［図111］　屋根職人　前川千帆画　『現代漫画大観　職業づくし』［1928年　中央美術社］

つづくこの映画は、主人公の褌姿が画面へでることを、つつしんだ。そこは、一九五〇年代後半からの時代劇映画と、かさなりあう。やはり、褌は高度成長期に、かつての威光をうしなった。人前では見せづらい衣類になったようである。

それでも、戦後しばらくのあいだは、褌一丁ではたらく男たちがいた。鉱山労働の男たちも、褌ではたらきつづけている。そういう彼らの姿を写した映像は、たくさんある。ここでは、一九

[図112]　福島の常磐炭鉱を視察する水谷長三郎商工大臣　1947年6月30日　写真・朝日新聞社

四七年に常磐炭鉱の坑内を撮影した一枚の写真へ、目をむけたい。なかには、労働者とも思えぬひとりの老人が、まじってい た。杖《つえ》をつき、懐中電灯をかざす姿でとらえられている［図112］。

この老人は、商工大臣の水谷長三郎である。当時は石炭の増産が、国家の課題だとされていた。「救国増炭」のかけ声も、とびかっている。大臣は現場をはげますべく、視察もかねて炭鉱へのりこんだのである。

大臣の水谷は、褌をあらわにしたいでたちで、坑内へはいっている。その姿がメディアでつたえられると、やはり評判にはなった。「フンドシ大臣」とよばれたりもしている。さすがに、褌姿で視察へおよぶ大臣は、当時でもめずらしかったということか。

わざわざ、褌を見せて、やはり褌ではたらく鉱夫たちによりそうそぶりを見せた。大臣は話のわかる、さばけた政治家だと思われたがっている。これは、一九四七年なりのポピュリズムだと考えるむきも、おられよう。

水谷大臣にはそういう一面があったろうかと、私も思う。しかし、褌姿が礼節にもとると思われていたなら、こういういでたちはさけただろう。じっさい、今日のポピュリストがパンツ一枚になって視察をするとは、思えない。だが、水谷はこのスタイルにふみきった。それは、褌だけのいでたちが、当時の許容範囲におさまる姿だったからだろう。

海の漁民たちも、ながらく褌だけではたらいてきた。[図113]は熊本県の天草でとられた、漁業に従事する男たちの写真である。撮影されたのは、一九一〇年代後半ごろで

［図113］　熊本県天草の漁師たち　1910年代後半　『目で見る大正時代・上』［1986年 国書刊行会］

あろうか。写された者は、そのほとんどが褌一丁の裸になっていた。

同じような光景をとらえた写真は、戦後になってもたくさんある。高度成長期へはいった時期のそれも、なくはない。ここには、一九五七年に岩手県の海岸で撮影されたものを、掲載しておこう。ホソメコンブの漁へのりだす、褌の男たちが写っている［図114］。

漁民のなかには、全裸ではたらく者もいた。戦前の記録だが、『アサヒグラフ』に掲載された写真を紹介しておこう（一九四〇年に撮影。『増刊　われらが100年』一九六八年九月二五日号）。画面には、

［図114］　浜から150メートルほど先の海に潜って男たちはホソメコンブ漁をする　岩手県種市町有家　1957年８月　写真・和井田登　［八戸市博物館所蔵］

数人の男が写っている。しかし、だれも衣類を身につけていない［図115］。

千葉県の片貝海岸では、戦後になっても全裸でイワシをひきあげる男たちがいた。写真家の林忠彦がそんな映像を、一九五三年にカメラへおさめている。くらべれば、褌をしめた漁業民がおくゆかしく見える［図116］。

そういえば、洋画家の石井柏亭が書いていた。房総の「漁夫には褌さえしていない原始的なのが居る」、と。「大原」という文章での指摘である（『みづゑ』一九二四年一〇月号）。どうやら、この習慣が二〇世紀のなかばまで、温存されていた

［図115］　褌もしめない「必勝のハダカ」で働く漁業者たち　1940年
『アサヒグラフ』［1968年９月25日号 朝日新聞社］

ようである。

　ただ、同じころにとられた写真で、褌が写っていない例も、ないわけではない。［図117］は高知県の土佐市で、一九五四年に撮影された。地曳網の男たちを、被写体にしている。奥にひとり褌姿の人も写ってはいた。しかし、カメラの前でポーズをとる者は、みなサルマタになっている。

　彼らは、下に褌をしめているのか。それとも、サルマタだけなのか。たぶん前者だと思うが、写真を見ただけだと、どちらかはわからない。いずれにせよ、漁業の男たちにも褌一丁をひかえる気運が、できだした。褌は、かりにしめていても、表へはだしづらくなっていくのである。

一九五三年に、洋画家の小磯良平が『働く人びと』という大作を、制作している。労働にいそしむ男女の群像を、一枚の絵にまとめあげた。男の多くは、上半身が裸になっ

［図116］　イワシ大漁　千葉・片貝の地曳網　1953年
写真・林忠彦

［図117］　地曳網を引く人　高知県土佐市新居　1954年11月ごろ　写真・薗部澄　［提供・日本カメラ財団］

ている。しかし、褌一丁という姿であらわされたのは、漁業の男だけだった［図118］。

このいでたちに、いちばんふさわしいのは漁民である。小磯には、そんな想いもあったのだろうか。褌の男が、画面のなかほどへ配置されている構図も、印象的である。褌が労働の現場でも、露出をはばかるようになっていく以前の作品ではあった。その点では、［図109］の彫刻ともつうじあう。

しばらく、漁労にこだわった。こんどは、農耕に目をむけたい。農村でも田畑の耕作につとめる男たちは、しばしば褌一丁になった。その映像記録が、とりわけ踏車《ふみぐるま》をまわす農夫たちに多くのこっている。

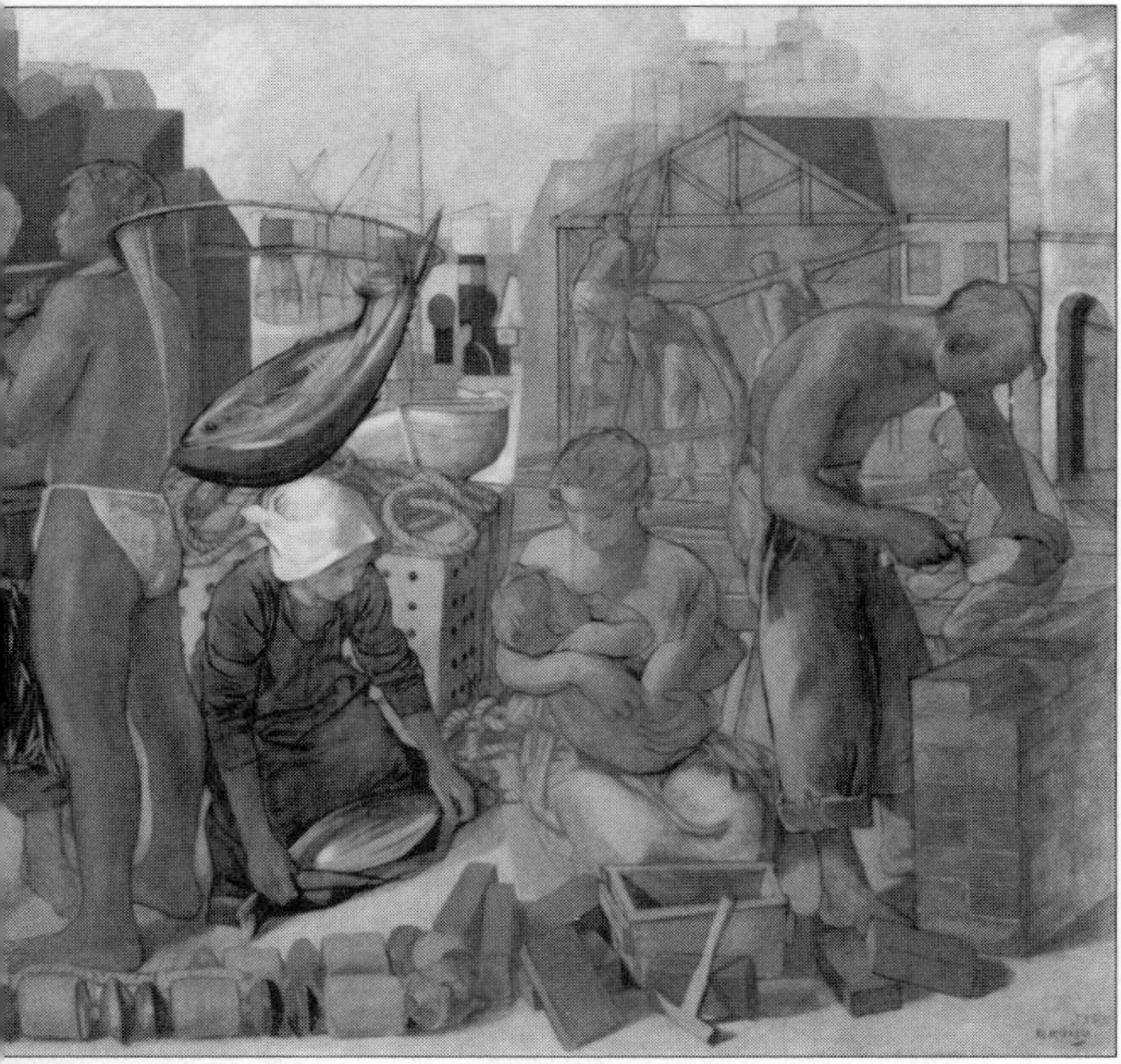

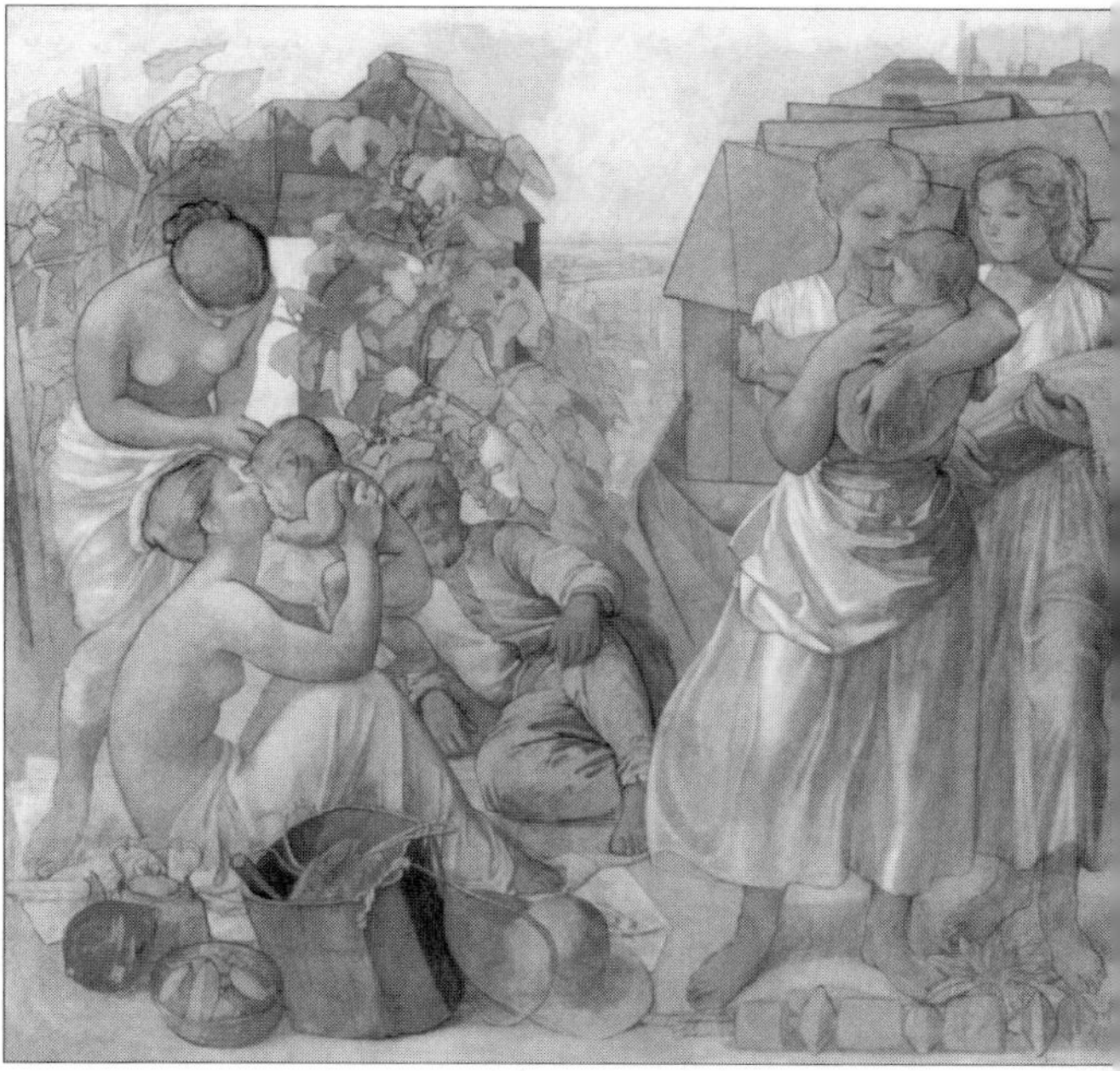

[図118]『働く人びと』小磯良平画　油彩・キャンバス　1953年

［図119］　代掻きと踏車　1890年　『モース・コレクション／写真編　百年前の日本』［1983年 小学館］

踏車は、水路からくみとった水を、田地へながしこむための装置である。一種の人力水車にほかならない。農夫たちは、その上にたち、脚でこれをまわしながら、田に水をはっていった。

その光景をとらえた写真が、アメリカのモース・コレクションにある。撮影は一八九〇年ごろとあるから、エドワード・モースじしんのそれではない。あとで、コレクションをおさめるピーボディ博物館が、収集した写真のひとつであろう［図119］。

見てのとおり、踏車をうごかす人は褌だけの裸になっている。ただ、写真の左には、馬のひく鍬《くわ》を操縦し、水田の土をすく農夫の姿も、写っている。ほんらい、これは踏車による水いれがおわったあとではじめるべき農作業である。だが、同時に撮影されていた。そこに作為が感じられないわけではない。

［図120］　踏車による灌漑　1900年　『モース・コレクション／写真編　百年前の日本』［1983年 小学館］

踏車を褌一丁であやつる姿も、カメラマンの演出だった可能性はある。そういえば、馬に鍬をひかせた人は、野良着をはおっている。裸にはなっていない。まだ、裸となるにはさむかったのだろうか。くらべると、踏車上の褌姿が不自然に見えてくる。これは、作為的なヌードシーンだったのかもしれない。

じっさい、モース・コレクシ

ヨンには、着衣で踏車をまわす農夫の写真もある。一九〇〇年ごろの撮影とされる一枚が、そうなっている。そして、ここには馬鍬《まぐわ》で代掻《しろかき》をさせるような、季節のずれる光景が写っていない。こちらのほうが、よりナチュラルであったようにも思えてくる［図120］。

しかし、だからと言って、褌姿をフィクションだときめつけるべきではない。さきほどもふれたが、この格好で踏車をまわす男たちの図像は、たくさんある。

たとえば、一八七〇、八〇年代の日本を知るクルト・ネットーに、そのスケッチがある。ドイツの鉱山技師だが、絵心もあり日本の情景を、いくつも描いた人である。そのネットーが、褌だけの裸で踏車にのった男たちの絵を、のこしている［図121］。

いや、戦後になっても、同じような農夫はいた。一九五〇年ごろに、褌一丁で踏車をまわした人の写真もある。ここには、滋賀県の守山市でとられた一枚を、ひいておく［図122］。

じつは、この作業を女性にゆだねた風景も、写真として今につたえられている。［図123］は、一九三〇年ごろの絵葉書がとらえた情景である。野良着に笠《かさ》をかぶるいでたち

[図121]　水の汲み取り　クルト・ネットー画　『明治の夜明け―復刻普及版　クルト・ネットーのスケッチより』[1997年 鹿島研究所出版会]

[図122]　琵琶湖周辺地域では水車の灌漑が多かった　1950年ごろ
『ふるさとの想い出 写真集　明治大正昭和　178　守山』[1980年 国書刊行会]

で、農婦が踏車をまわしている。私は同じような光景を戦後の一九六二年に写した写真も、見たことがある。どちらも、茨城県での映像である。

こういう女性たちの写真を見ていると、いやおうなく思う。裸にならねばならないほどの、汗をたくさんかく重労働ではなかったのだろうな、と。[図120]の写真も、そのことを示唆している。

ならば、なぜ男たちは、わざわざ褌だけになることがあったのか。[図119]を見れば、馬鍬の男性は野良着をはおっている。なのに、踏車の農夫は褌一丁となっていた。

この写真はフェイクで、裸体は演出だったのかもしれない。しかし、たとえそうであっても、彼だけが褌姿にさせられた理由は、謎としてのこる。踏車の男が、しばしば着

［図123］　水車を踏む女性　茨城県水郷　1930年ごろ『100年前の日本 絵葉書に綴られた風景―明治・大正・昭和―』［2006年 生活情報センター］

物をぬいだ状態で撮影された訳までは、わからない。まだまだ、さぐってみなければならないことがあるということか。

17

神事では

日本には、古くから禊《みそぎ》という習慣がある。神仏や霊地を参拝する前に、水で身を清めることが、そうよばれる。今は、手水鉢《ちょうずばち》で手や口をすすぐぐらいが、とおり相場となっている。だが、かつては水垢離《みずごり》とも言って、水を頭からかぶり、穢《けが》れをあらいおとしていた。あるいは、池や川へつかって身の清浄をはかったものである。

首都東京でも、そのためにもうけられた区画があったらしい。たとえば、両国橋の東詰が水垢離場になっていたという。大山詣《おおやまもうで》の人びとは、参詣へおもむく前に、ここで川へつかり身を清めた。その様子を、画家の伊藤晴雨が回想しつつ描いている［図124］。

画中に登場するのは、みな男たちである。誰も全裸にはなっていない。褌はしめている。褌まではははずさなくても、禊としてみとめられたようである。

とはいえ、全裸を必須とする禊のいとなみも、なかったわけではない。［図125］は、長野県佐久市の御牧農場でくりひろげられた清めの様子を、写している。農場ができた一九三一年から敗戦の一九四五年まで、これは毎朝くりかえされた。褌まではずしている男たちが、写りは悪いけれども見てとれよう。

戦時下の日本では、この禊がさかんになる。一九四一年には大政翼賛会が、みそぎ錬成講習を全国へおしひろめた。戦勝祈願の神事が、国民的な規模でくりひろげられるようになっていく。

［図126］は鹿児島県指宿市《いぶすき》で禊のためにあつまった男子を、写していた。褌姿で錦江湾までかけぬけ、禊行におよぶ前の光景であろう。

［図124］　両国橋東詰の垢離場　伊藤晴雨画
『江戸と東京 風俗野史』［1967年 有光書房］

[図125]　長野・佐久 御牧農場の禊　毎早朝池で身を清め神社に参拝した　『ふるさとの想い出 写真集 明治大正昭和　77　佐久』[1979年 国書刊行会]

[図126]　鹿児島・指宿の錦江湾で禊の前に　1942年　『ふるさとの想い出 写真集 明治大正昭和　177　指宿』[1981年 国書刊行会]

こういった写真で、まれにサルマタの男子を見かけることがないわけではない。前にものべたが、一九四〇年代の若い世代は、褌からサルマタにうつりだしていた。サルマタの男たちがいたことじたいは、うなづける。

しかし、数をくらべると、褌にはとうていおよばない。禊という神事は、それだけ古い、いわば由緒のある形式を要請した。つまりは、ふえつつあったサルマタより伝統的な褌を。この儀礼は、サルマタへむかう世の趨勢を、一時的にとめたのだと考える。すくなくとも、儀礼にひたるあいだだけは。

神奈川県の箱根町でもよおされた禊の写真も、紹介しておこう。一九四一年におこなわれた、こちらは女性が体を清める光景へ、カメラをむけていた。男性とはちがい、上半身にも白い浴衣をはおっていたことが、よくわかる［図127］。

男女がならんで、禊につとめる様子をとらえた写真もある。ここには、神戸の湊川神社で写された一枚をひいておく。一九三七年の光景である［図128］。

ついでに書くが、女子用のこういう浴衣じたいは古くからあった。水垢離などのさいにも、ながらく利用されてきた衣裳である。

[図127]　神奈川・平塚の女性教員が禊を箱根で体験　1941年11月5日　写真・朝日新聞社

一八九〇年代から、女性がスイムウエアを着はじめたことは、すでにのべた。西洋寝巻、あるいはナース服のようなと言われた水着である［図27］［図28］。しかし、禊でつかうこういう浴衣は、あまり活用されなかった。

これも論述ずみだが、くりかえす。一九世紀末の日本社会は、和装の伝統を女性水着にいかさなかった。船来のウエアを、とりいれている。いっぽう、そんな女たちも、水垢離では、昔からつづく浴衣をたもってきた。男が伝統的な褌をしめつづけたのと同じように。儀礼の場では、和洋にわかれるジェンダーギャップ

［図128］ 神戸・湊川神社七生の滝で禊 1937年1月 写真・朝日新聞社

が発生しなかったということか。

敗戦後には禊の慣行じたいがおとろえた。すくなくとも、戦時下のような発展ぶりはありえなくなっている。ただ、数こそへらしているが、絶滅したわけではない。ここへ、二一世紀におこなわれた禊の光景を、しめしておこう。

写されているのは、山口県防府《ほうふ》市の春日神社で挙行された、二〇一八年のそれである。体を清めようとする男たちは、みな褌だけの裸になっている。もう全国的にパンツやサルマタがゆきわたった時代である。にもかかわらず、男たちは、例外なく、褌姿で参加した［図129］。

［図129］　山口・防府の春日神社　大寒禊　2018年１月　写真・朝日新聞社

いや、禊の儀礼だけにかぎらない。戦後になっても、少なからぬ神事を、その中核部分は、褌一丁の男たちがになってきた。

たとえば、静岡県の磐田市に、米とぎ祭りという祭事がある。今之浦川という川のなかほどへ、小舟でのりだし、川の水で米をとぐ。その米でたいた飯を集落の者がたべて、無病息災をねがう祭りである。そして、川へ米をはこぶ役目は、褌しか身につけない男たちへたくされた。

一九六四年の様子を写した写真が、二点ある。一枚目では、舟上の男たち

［図130］　静岡・磐田の米とぎ祭り　小正月の寒い川で 1964年　写真・須藤 功　『写真ものがたり 昭和の暮らし 5 川と湖沼』［2005年 農山漁村文化協会］

が川の水で桶にはいった米をといでいる［図130］。その米は、水上で舟にもちこんでいた釜へうつされる。この釜をかついで神社まではこぶ二人の男性が、二枚目の写真におさまっている［図131］。

どちらも、褌だけの裸身である。こういう霊穀ともよぶべき米を、着衣の者にはこばせることはできないのだろう。たとえ裸でも、パンツ一丁の男子ではこまると判断されたにちがいない。神事においては、褌こそが正装であることを読みとれる。

［図132］は東京・墨田区の能勢妙見堂別院でとられた水垢離の光景を、写してい

る。一九九一年に撮影された写真である。やはり褌しか身につけていない。こういう褌は、一種の晴着としてもみとめうる。下着や下穿きとしてのみ、とらえるべきではない。

ついでに、書く。[図125]でしめしたような全裸での禊は、二〇世紀の後半になって

[図131] 米とぎ祭りは豊作と無病息災を願う八王子神社の祭礼 1964年 写真・須藤 功 『写真ものがたり 昭和の暮らし 5 川と湖沼』[2005年 農山漁村文化協会]

も、消滅していない。たとえば、長野県天龍村でおこなわれる坂部《さかんべ》の冬祭りがそうである。神事舞の舞手は、天龍川支流の虫川へ全裸でつかり、身を清めた。ここに掲載したのは、一九七〇年の写真である［図133］。

［図132］　水垢離の修行僧　東京・本所の能勢妙見堂　1991年　写真・田沼武能

話を都市の一般的な祭礼へうつす。神輿《みこし》がかつがれ、山車《だし》がひかれたりする祭りを考えたい。それらもまた、法被《はっぴ》こそはおるが臀部は褌だけという男たちに、ささえられてきた。

[図133]　夜を徹した神事舞の「坂部の冬祭り」(長野・天龍村)で　大事な面を着けて舞う人は垢をとる　1970年　写真・須藤 功　『写真ものがたり 昭和の暮らし 5 川と湖沼』[2005年 農山漁村文化協会]

宇能鴻一郎の『熟れて開く』（一九七六年）という小説に、おもしろい場面がある。博多の山笠祭を、「下はフンドシ……だけ」という若者たちがになっていた。見物をしていた慶応の大学生が、これを「野蛮」だと言う。「いまどきお尻丸出し……外人が見たらイヤがる」、と。しかし、その脇を褌姿の「外人」がとおってゆくという落ちも、そえられている。

この作品では、「フンドシ」の側に軍配が上がっていた。しかし、このころになれば、それをけむたがる青年も、かなりいただろう。じっさい、一九七〇年代にはにない手が白いショートパンツ姿という祭りも、ふえている。半股引《はんももひき》という装いの男たちがひきいる祭礼も、目につきだした。

一九七六年にとられた水止舞《すいしまい》の写真を、たとえば見てほしい。東京都の指定文化財にもえらばれた祭りだが、男たちは半股引になっている。褌はしめていない。祭事においても、褌は下火になっていきだしたことが、見てとれる［図134］。

それでも、神事で褌がおそくまで温存されたことは、まちがいない。日常の世界では、一九四〇年代から下降線をたどりだしている。水泳の場合でも、一九五〇年代の後半か

［図134］　東京・大田区大森の厳正寺でおこなわれた夏の雨止め祈願「水止舞」　1976年７月14日　写真・久保靖夫

らは、下火になった。だが、祭礼の場では、その後もしばらく命脈をたもっている。今なお、褌姿のうかがえる祭りさえ、なくはない。

褌には神事との親和性が、なにほどかあったということか。こう書けば、言いかえされるかもしれない。二〇世紀のなかごろからパンツやサルマタにおされ、褌は衰亡の時をむかえている。その衰弱過程が、褌に威光をあたえたのではないか、と。まるで、絶滅危惧種の生物が、天然記念物へと昇格するかのように。

しかし、褌は黄昏時《たそがれ》をむかえる前から、神事の衣裳として通用してきた。水垢離の場でも、ひろくみとめられてきたのである。すくなくとも、今日のパンツなどでは勝ちとりえない聖性を、あたえられてきた。裸に褌という格好を正装なみにあつかう祭礼さえ、あったのである。

衰亡期へいたったから、反動的に神聖視されだしたという読みときは、正しくない。それは、神事の衣裳という古くからの輿望《よぼう》を、今なおたもちつづけている。そうみなすべき装いなのである。

踏車をつかっていた時代に、農夫たちは、しばしば褌一丁でこの水車をまわしていた。それが季節にあう合理的な衣服だったからではない。かわいた田地へ、新しく水をひきいれる。そんな毎年のいとなみに、彼らもいくらかはおごそかな気持ちを、いだいたのだろう。だからこそ、神事へのぞむような姿、褌だけの裸になった者もいたのではないか。

18
国粋か造反か

洋服のズボンをはいても、下には褌をしめる。そういう状態は「国粋保存」につうじると、堀岡文吉が書いていた。一九二七年の『褌』という本がこの文章をおさめていたことは、紹介ずみである。

褌の上は和服だったという時代に、こういう認識はうかぶまい。和装があたりまえであれば、褌のことも自然な装いとしてうけとめられたろう。ことごとしく、「国粋」的だと評されることも、なかったはずである。

だが、洋装のズボンが日常着になれば、人びとの考え方もかわってくる。上着が洋服になっても、下着だけは和風のそれをつけている。この状態が褌に保守的な印象を、ただよわせたのである。一九二〇年代に「国粋保存」のスタイルだと言われたことも、よくわかる。それだけ、男たちの上着は西洋化がすすんだのだと、言うしかない。

かつて、国際文化振興会という組織があった。西洋へむけて、日本と東洋の文化をアピールする。そのためにできた機関である。一九三四年に、外務省の外郭団体として発足した。写真などの映像を多用した対外啓蒙《けいもう》活動にも、力をつくしている。

一九三九年には『SPORTS（スポーツ）』という書物を、英文で制作した。日本人のアスリートをとりあげた本である。なかで、水泳の平泳ぎを披露する男子選手が、とりあげられている。褌だけで水をかきわけていく姿が、大きく写しだされていた［図135］。

ズボンの下には褌という生活が、ながくつづいたせいだろう。褌の「国粋」ぶりは、こういう対外宣伝の媒体でもみとめられだした。かつては、尻をまるだしにする姿が、欧米人にたいしてはずかしいと言われたこともある。そんな褌に、国威発揚の期待がこめられたのである。

つぎに、『NIPPON』という雑誌を紹介しておこう。これも、日本文化を海外へ宣伝するための雑誌である。一九三四年から鐘紡（カネボウ）などにささえられ、刊行されだした。のちには、陸軍省からの援助もうけたという。

その八号に、褌だけの少年たちを写した写真が、おさめられている（一九三六年八月一〇日発行）。手に簎《ヤス》をもち、川の水面とむきあうところを、彼らは写しだされていた。編集者が裸の尻を欧米人の前ではじていたとは、とうてい思えない。日本の伝統を体現する、りりしい姿として提示させたはずである［図136］。

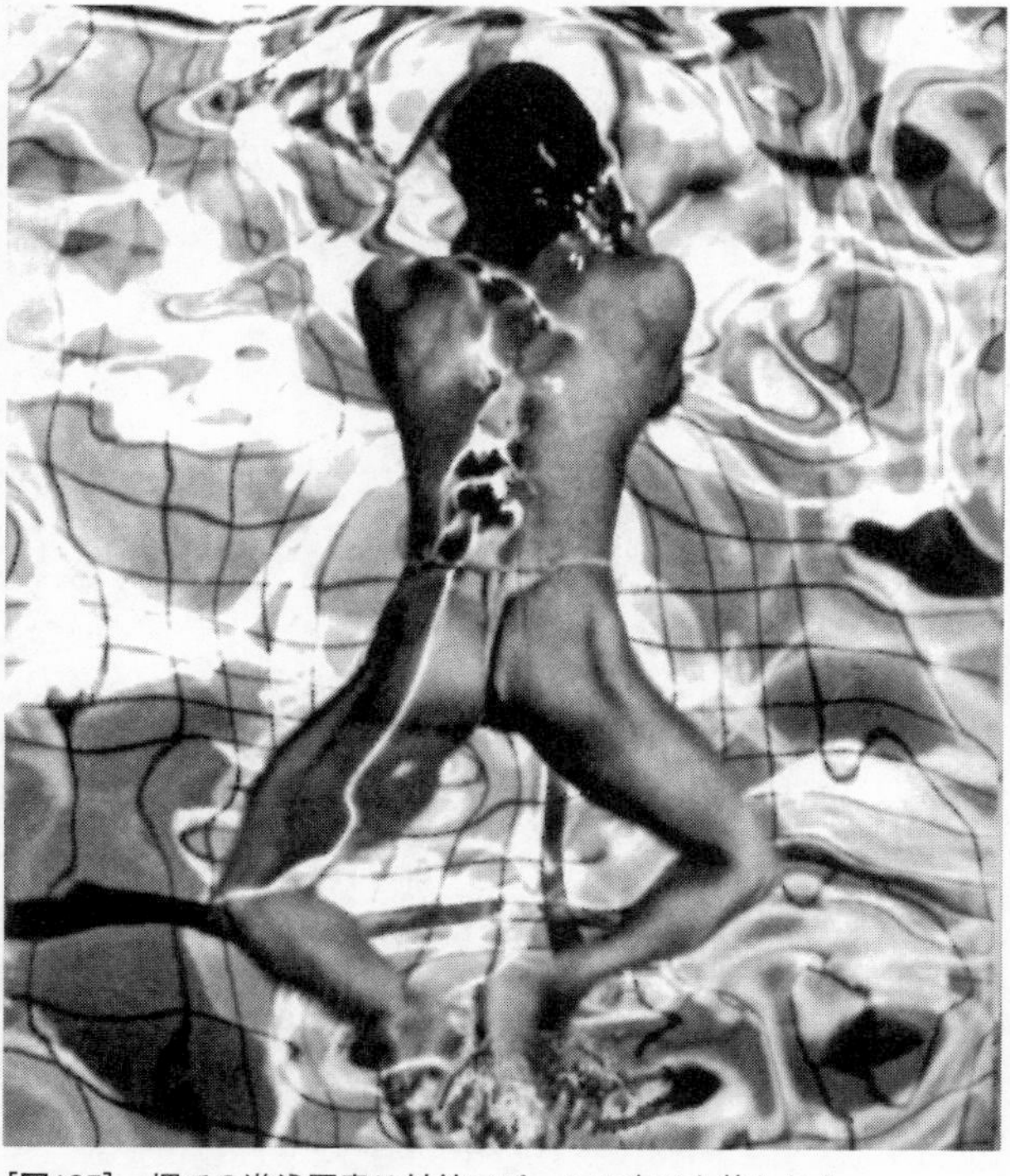

[図135]　褌での遊泳写真は対外アピールの本でも使われた
『SPORTS』 1939年

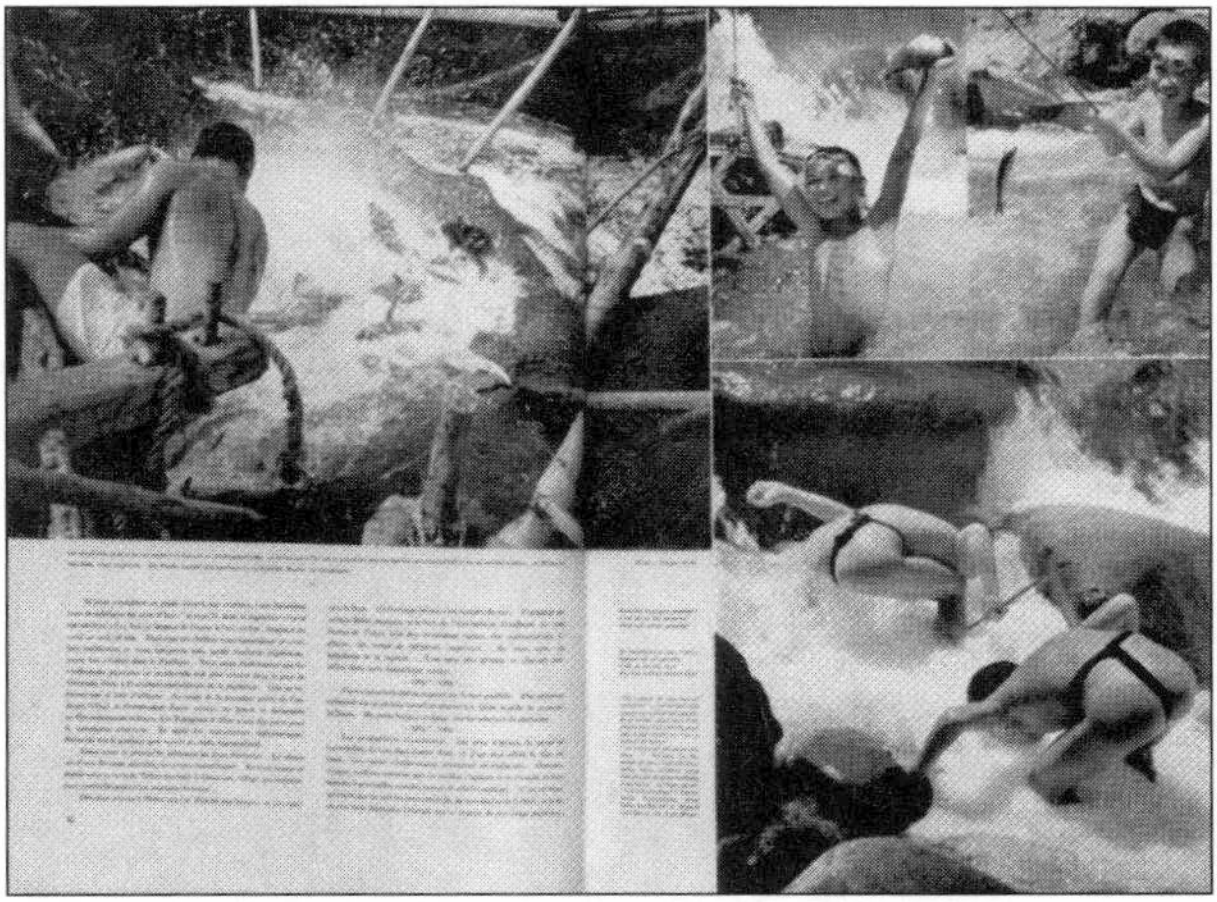

［図136］　対外宣伝誌『NIPPON』８号　土門拳の「伊豆の週末」のページ　1936年

　さて、少年たちがのぞきこんでいる川面は、たいそう泡だっている。こういう場所で、水中の様子が見えたとは思えない。簎という漁獲用の道具ももっているが、魚などはとれなかったろう。目にはいったのは、あぶくだけであったと考える。

　ほぼ同時代の、やはり褌一丁で川をのぞく少年が写った写真へ、目をむけたい。一九三七年に、宮城県の白石市で撮影された一枚である。男の子は、ガラス箱ごしに水中をながめている。カジカを、やはり簎でつこうとしているところである。こちらのおだやかな水面なら、水中の光景も見とおせただろう［図137］。［図138］は戦後の一九五二年ごろに、写された。静岡県の浜松市でおさめられた写真である。ふたりは全裸だが、やはり箱をたずさえ、ガラス箱で川のなかをさぐっている。

［図137］　ガラス箱ごしにカジカを突く少年　宮城・白石　1937年　『ふるさとの思い出 写真集 明治大正昭和 261 白石』［1983年 国書刊行会］

［図138］　天竜川の浅瀬で魚を突く　静岡・浜松　1952年ごろ　写真提供・平賀孝晴　『写真ものがたり 昭和の暮らし 5 川と湖沼』[2005年 農山漁村文化協会]

獲物をねらっているのだろう。そして、このくらいの水面なら、さがしあてることはたやすかったと判断する。

もういちど、『NIPPON』がとらえた少年たちを、ふりかえってみよう［図136］。そして、［図137］の男児とくらべてほしい。前者の褌は、白い泡のなかで、よりあざやかにうかびあがって見える。また、見せつけるかのように、少年たちは尻をつきだしていた。

褌をクローズアップさせる。そのために、写真家がポーズをとらせたのだろう。泡だつ水面という背景も、同じ目的でえらばれたにちがいない。ロケハンをへたうえでの、撮影場所だったのだと考える。川とたわむれる男の子たちが、なんのてらいもなく自然に写されたわけではない。

『NIPPON』の写真家は、趣向をこらしてこの映像を制作した。民俗的な実像からははなれ、尻と褌の強調された構図をつくりあげている。のみならず、それを対外文化宣伝の媒体に、とりいれた。尻と褌は、欧米へむけて日本をアピールする絵になりうる。そう判断されていたのだと言うしかない。

さきほどもふれたが、『NIPPON』は、あとで陸軍省の支援をうけるようになる。かってな想像だが、少年たちの褌姿は、そのさそい水になったかもしれない。こういう健児に光をあてる雑誌なら、バックアップをしてやろうというように。まあ、そこをねらう写真だったとまでは、言わないが。

ズボンの下は褌という生活が、二〇世紀の前半に、しばらく定着した。この和洋折衷と言ってよい状態が、褌に和風の象徴めいた印象をあたえていく。おかげで、対外的な宣伝の材料にもなりうる時代が、到来した。

二〇世紀の後半からは、褌が男たちの衣生活から姿をけしはじめる。そのため、わずかに残存する褌は伝統色を、いっそう強めだす。少数派へ転じた愛好家も、伝統の保存者めいた自覚をいだくようになっていく。

ここへ、一九七一年にあらわされた文章をひいておく。褌が下火になった時代の褌観が、典型的な形で、以下の言及からはうかがえよう。

「日本古来の褌は徐々にその影をひそめる。私は国粋主義を愛し、今もふんどしの常習者で、ときどき体重測定のため町の銭湯に行くが、褌の者は一人もいないのは残念だ」(大成治『随想小説　恋文代理業――もと税務署長秘話』一九七一年)。

この本を読むかぎり、書き手がなみはずれた国粋思想の持ち主であったとは、思えない。にもかかわらず、著者は書く。自分は、「国粋主義を愛し」ている、と。褌をしめつづける習慣が、愛用者をそういう心境へおいこんだのだと、言うしかない。

話の角度をかえる。ボディビルとよばれるいとなみがある。器具などで、人工的に筋肉を発達させる。そんな身体強壮のとりくみに、われわれはボディビルという言葉をあててきた。もとは、英語のボディビルディング body building に由来する。その短縮語にほかならない。

[図139]　1956年１月に開かれた第１回「ミスター・日本」選出大会
写真・日刊スポーツ新聞社

日本では、一九五五年の年末に、日本ボディビル協会が設立された。翌年には、それを記念して、ミスター・日本の選考会がひらかれている。その授賞式を写した写真がある。見てのとおり、みなパンツ姿で式にはのぞんでいた。褌の男は、ひとりもいない［図139］。

まだ、褌の青年も、いくらかはいた時代である。しかし、ボディビルのミスター・コンテストは、アメリカ渡来のもよおしであった。褌姿では、参加もしづらかったろう。あるいは、コンテストの運営者が褌でのエントリーを、禁じていたのかもしれない。

[図140]「男性ヌードコンクール」の舞台うら『アサヒグラフ』[1952年11月12日号 朝日新聞社]

なお、類似のイベントは、もう少し前からおこなわれていた。重量挙競技の終了後に、一種の余興として、しばしばこころみられている。たとえば、一九五二年に福島県の平市で全国男性肉体美決定戦が、ひらかれた。

まだ、ボディビルという用語が、でまわっていなかったころの競技である。これを、当時の『アサヒグラフ』は、「男性ヌードコンクール」として報道した(一九五二年一一月一二日号)[図140]。「ヌード」という言葉の含みが、当時は今とちがっていたのだろうか。やっていることは、三年後にはじまったミスター・日本とかわらない。

そして、一九五二年のコンテストでも、応募者たちはパンツをはいていた。一九五五年とくらべれば、まだ褌の残存率も高かったはずである。にもかかわらず、褌で競技会へのぞんだ人の写真は、のこっていない。やはり、戦後のアメリカニズムは、褌をうけつけなかったということか。

作家の三島由紀夫がボディビルにのめりこんだことは、よく知られる。往時のメディアでも、自分のビルドアップされた肉体を、ときおり披露した。その意味では、戦後のアメリカ文化にかぶれたところもあったと、言うべきか。

ただし、裸になった三島は、しばしば褌をしめていた。肉体はボディビルできたえあげている。アメリカ風の、マッチョな身体加工をめざしていた。しかし、下肢の局部は、和の伝統を象徴する褌でつつませている。

三島なりに、ある種の和洋折衷を意識していたのだろうか。全面的にアメリカの感化をこうむったわけではない。和の魂も、のこしている。褌はそういう目印にも、なって

［図141］　街頭での宣伝におよぶ状況劇場のメンバー　『日本のダダ1920－1970』（増補新版）［2005年 水声社］

いたような気がする。まあ、高邁《こうまい》な作家の内面へ、私などには分けいる資格もないのだが。

衰亡期をむかえた褌は、しだいに「国粋」的な相貌をおびはじめる。ここまでは、そういう筋だてで、褌の近現代史を論じてきた。しかし、落日の褌にたくされたイメージは、ほかにもある。それは、下火になることで、反時代的な気配も獲得した。おかげで、アバンギャルドの期待をせおうようにも、なっている。

たとえば、唐十郎の状況劇場である。一九六〇年代末期に旗あげをした、いわゆるアングラ演劇だが、褌はここにも飛火した。

［図142］　べ平連などが主催した「反戦のための万国博」　万博破壊共闘派のパフォーマンス　大阪城公園　1969年　写真・平田実
［© HM Archive ／ Courtesy of amanaTIGP］

劇団員は、しばしば褌一丁で宣伝のために、路上へとびだしている。時代おくれの褌を見せつけることで、街頭での異化効果をねらったのだろう。あるいは、自分たちの劇に非日常的な気配のただようことを［図141］。

ゼロ次元も、同じころに反体制的な活動で、かがやいた。万博破壊共闘派を結成し、大阪万博、ＥＸＰＯ七〇の粉砕を、目標のひとつにかかげてもいる。［図142］は、そのために大阪城公園で決起した彼らの姿を、写した写真である。

褌のさがりには、「わいせつ物」としるされている。このいでたちを「国粋保存」につうじるそれとして理解するのは、むずかしい。同時代の一般市民へゆさぶりをかける反抗の志が、そこにはこめられていただろう。時代からとりのこされた褌は、そんな役割もになうことができた。造反の目印にもなりえたのである。

19 女にも禅を

水泳にいどむ男子は、二〇世紀のなかばごろまで褌をしめていた。公式戦では、パンツを着用してもいる。しかし、練習には、たいてい褌姿となってとりくんだ。合宿所などでも、褌だけですごす時代が、おそくまでつづいている。

柔剣道、あるいは弓道でも、褌はながらく愛用されてきただろう。それらの道着《どうぎ》は和装、あるいはその延長線上にある装いだと、みなされた。その下穿きも、おのずと和装の褌になったと考える。

しかし、今はどうだろう。下着は洋風のサポーターなどに、おきかえられているのではないか。ある時期から、多くの日本女性は、和服の下に洋装下着、ズロースなどをはきだした。それを先行例とする形、和の下は洋というくみあわせへ移行したような気がする。

陸上競技や球技へ、褌姿で参加した男たちを写した写真は、ほとんど見かけない。私の目にとまった範囲では、みなはやくからパンツをはいている。あるいは、サルマタめいた衣服に、脚をとおしていた。

明治初期に、走ることを仕事とした男たちは、たいてい褌一丁ではたらいている。郵便配達者のさきがけとなる飛脚が、しばしばそういう姿で描かれた［図143］。人力車をひく車夫も、その点はかわらない。彼らは、休憩時間までふくめ、褌だけですごすものだとみなされていた［図144］。

［図143］　飛脚　エメ・アンベール画　『幕末日本図説』1870年　『幕末・明治の生活風景 外国人のみたニッポン』［1995年 東方総合研究所］

［図144］　車夫　エミール・ギメ画　『日本散策 東京・日光』1880年
『明治日本散策　東京・日光』［2019年 KADOKAWA］

だが、この格好で陸上競技に出場した選手の写真は、まず見かけない。おそらく、競技の主催者たちには、アマチュアリズムへの強いこだわりがあったのだろう。走ることを仕事とするような人びとと、同じ身なりになることはうけいれがたい。そんな階級意識も、褌一丁という装いをはねつけさせたのではないか。

いっぽう、水泳だけは褌一丁の姿を、ながらく良しとしつづけた。華族でさえ、およぐ時だけは、飛脚や車夫と同じいでたちになっている。あるいは、海辺の漁夫たちとも同様に。水につかるという一点で、地上の世俗的な序列観からはぬけだせたのか。いずれにせよ、スポーツ文化史における水泳の意味は、この点からもとらえなおしたい。

［図145］　学校対抗戦でパンツの上から褌をしめた少年　鹿児島・出水　1919年　『ふるさとの想い出 写真集 明治大正昭和　152　出水』［1980年 国書刊行会］

陸上競技の写真に、褌姿の男は見かけないと、さきほどそう書いた。だが、たった一枚だけれども、私はその例外となる写真を見つけている。

鹿児島県の出水《いずみ》で、一九一九年に学校対抗の陸上競技大会がひらかれた。そこで活躍した、出水高等小学校の選手を写した写真がある。なかに、ショートパンツの上から褌をしめた少年が、おさまっている。褌は、外から見えるところで身につけたい。そう考えた人もいたことが、よくわかる［図145］。

やはり、褌はただの下着じゃあない。正装のようにあつかわれることも、ままあった。以上のように、この例外と言うしかない一枚から、主張をするつもりはない。ただ、こんな写真もあったということは、記憶にきざんでおきたく思う。

大相撲の海外巡業では、力士の尻をかくさせたことがあった。欧米の観客は、大きな尻が廻《まわ》しからはみだす光景を、見ぐるしく感じる。ひところは、その点へ気をつかい、力士にレスラーパンツを、まずはかせた。そして、廻しを、褌の一種だが、パンツの上からしめさせたこともある。

［図146］を見てほしい。太平洋航路の船上でくりひろげられた相撲、あるいはレスリングの光景をとらえている。横浜とシアトルをむすぶ航路だが、乗客にはアメリカの女性も、おおぜいいた。彼女たちに気をつかってのことだろう。きそいあう男たちは、ショートパンツの上に廻しをまいていた。

航路ができたのは、一九〇二年である。これも、二〇世紀初頭にとられた写真だろう。ともかくも、装いのありかたは、大相撲海外巡業のさきがけをなしている。欧米で興行をうった日本相撲協会も、一時期は同じいでたちを余儀なくされたのだから。パンツの上で、廻しをしめる。このスタイルは、いわゆる女相撲の興行にもおよびだ

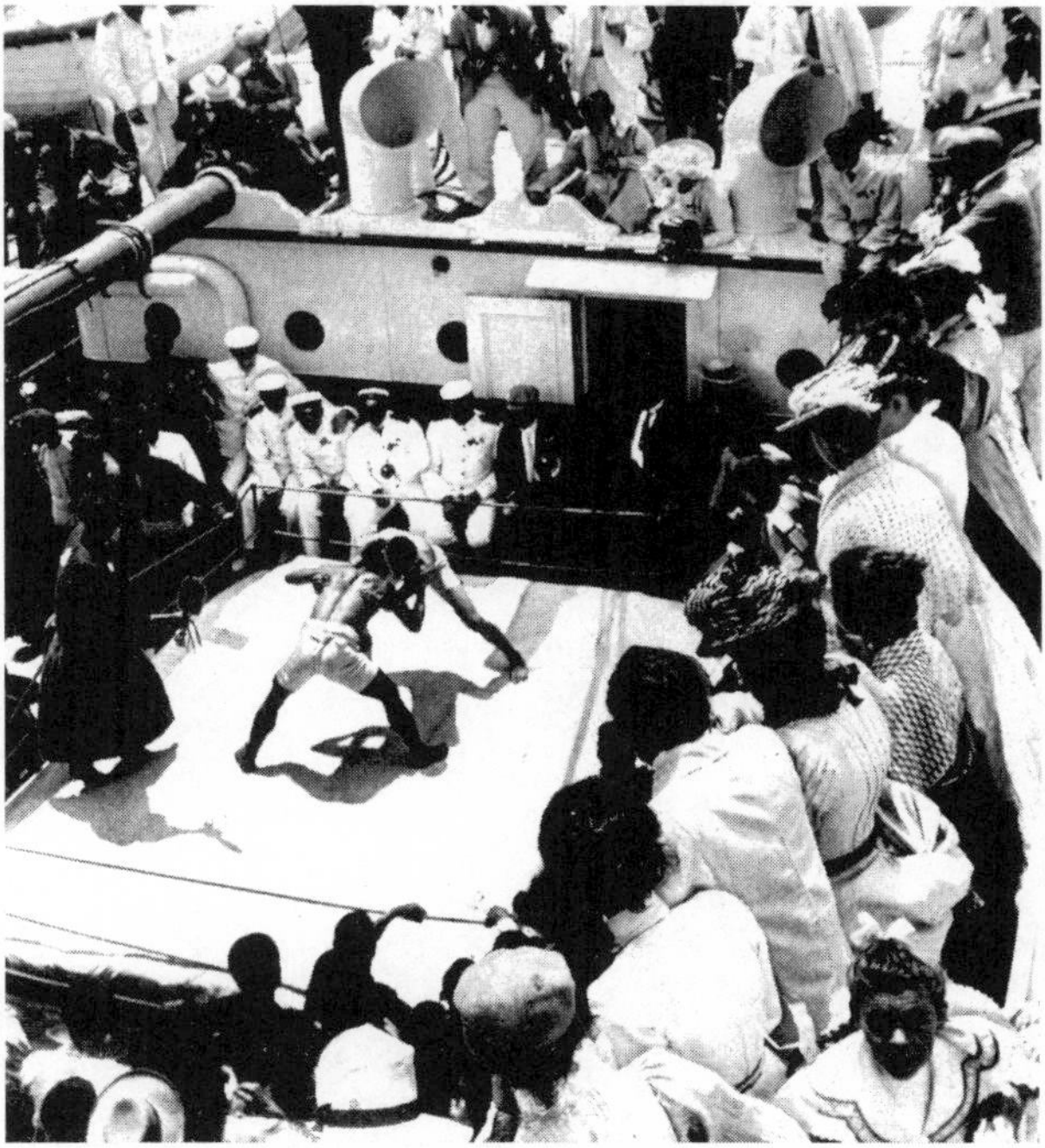

[図146]　太平洋航路の船上でくりひろげられた余興　闘技者はショートパンツの上に廻しをしめた　20世紀初頭の光景　『読者所蔵「古い写真」館』[1986年 朝日新聞社]

［図147］　かつて盛んだった女相撲はまだその名残をとどめていた
1948年の撮影　宮城県名取市閖上　写真・毎日新聞社

す。江戸時代の女力士は廻しを素肌の上へ、直接まいていた。だが、いつのころからか、上半身にはシャツ、そして下半身にはパンツをまといだす。また、廻しはパンツの上へしめることが、ふつうになってきた。

ここでは、一九四八年の女相撲が写された写真を、まずひろっておこう［図147］。一九五六年に佐賀県の伊万里市で、神事としてもよおされたそれも紹介しておきたい［図148］。

前者は、プロの女力士がおこなう興行である。後者は、近隣の住民がささえる民俗慣行にほかならない。

[図148] 佐賀県伊万里市の田島神社祭の女相撲 『アサヒグラフ』[1956年11月25日号 朝日新聞社]

その性格はちがう。だが、パンツの上に廻しをまく点は、共通する。プロではない一般女性も、このいでたちで相撲に興じることはあったし、今もある。

ふたたび、水泳の話にたちかえる。褌がふつうにつかわれていたころの水泳読本は、しばしばその有益性も論じていた。おぼれかけた者も、褌をはいておれば「摑《つか》まらせるのに便利である」(太田忠徳『この頃の泳ぎ方』一九二四年)。たとえ水死をしても「引揚には……便利である」など(京田武男『図解最新水泳術』一九二八年)。

それだけの有用性が褌にあるのなら、どうして女子には着用させなかったのか。

救助や引揚げに「便利」だという指摘を読み、私はすぐそう思った。だが、同時に女子へ褌をはかせるのは無理だろうと、この思いつきをうちけしてもいる。

再度、考えをあらためたのは、パンツに廻しという女相撲を知ってからである。ほんとうに褌が機能的であるのなら、この手がある。スイムウエアの上から、六尺の褌をしめさせればよい。女相撲がしたように。そうすれば、女子の水難事故も減らしうる。すくなくとも、そういう主張はとなえられたはずである。

だが、誰もそういう論陣ははってこなかった。褌は水難をふせぐ。もし、そう本気で考えられていたなら、女子にも褌をという声が浮上したはずである。しかし、じっさいには、いちどもうかびあがっていない。褌の救命機能うんぬんという議論には、ややおざなりなところもあったようである。まあ、スイムウエアの女子に帯状の細布をまかせた例は、あるのだが[図149]。

男たちの水着は、褌からパンツへ変更された。これも、褌の安全性という指摘を真にうければ、おかしな話である。それだけの機能性が期待できるのなら、どうしてパンツにとってかわられたのか。その説明がつかなくなる。

［図149］　海水浴にむかう大阪府立清水谷高等女学校の生徒たち　太鼓の合図で一斉に諏訪の森海岸へ入っていく　1927年7月　写真・朝日新聞社

たとえ、パンツにはきかえても、上から褌をしめる手はあっただろう。高い安全性が見こめるのなら、その選択肢もありえたはずである。大相撲の海外巡業が、しばらくそうしてきたように。だが、パンツの上に褌をした遊泳者は、ほとんど出現しなかった。この点からも、安全面で褌にたくされた期待は、ごく小さかったのだと判断する。

さきほど、江戸期の女力士が素肌に廻しをしめていたことへ、言及した。彼女たちは、廻しのうしろを臀部へくいこませてもいたのである。

同じことは、海女たちにもあてはま

る。彼女らも、褌状の股おさえ一枚だけで、海にもぐってきた。石川県の舳倉《へくら》島では、戦後の一九五〇年代になっても、その姿をたもっている。そのため、この島へは多くのカメラマンがむかった。

『アサヒグラフ』は、はやくも一九三三年に、彼女らをグラビアページへおさめている。ここには、同年六月一四日号の、その表紙を紹介しておこう。男たちの六尺褌よりまだ小さい。Tバックの紐ビキニめいたものを身につけていたことが、よくわかる［図150］。

あと一例、女たちが褌姿になった写真を紹介しておこう。

一九三四年八月二〇日のことであった。刺青《いれずみ》の見事さをくらべあう彫物競艶会が、東京の王子でひらかれている。そこに、三人の女性をふくむ七十余人があつまった。褌だけの裸を滝の水にうたせたあと、たがいの色や柄をきそいあったのだという。

その写真を、やはり『アサヒグラフ』（一九三四年九月五日号）からひいておく。褌をしめつつ、裸になって刺青の披露へおよぶ女性の姿が、写っている［図151］。

腰巻やズロースで参加をすることは、みとめられなかったようである。そういう下着をまとえば、臀部の彫物が見えなくなってしまうからだろうか。あと、やはり、こういう場では、褌こそが正装だとみなされていたせいかもしれない。刺青の品評は、水垢離のように身を滝の水でうたせてから、はじまったのだから。

いっぱんに、昔の女性は肌の露出を今の女性よりいやがったと、考えられている。か

[図150]　舳倉島の海女たち　『アサヒグラフ』[1933年6月14日号 朝日新聞社]

［図151］ 彫物の美しさを競って70人以上が集まる　女性も３人いた
『アサヒグラフ』［1934年９月５日号 朝日新聞社］

っての女たちは、今よりつつしみ深かったと、想像されやすい。しかし、じっさいには裸となることを、それほどいとわない女の人も、けっこういた。腰巻だけで海水浴をたのしむ女たちの絵、ビゴーのそれを想いだしてほしい［図26］。

舳倉島の海女も、特殊な例外ではなかったと考える。じっさい、一九五〇年代までなら、にたようないでたちの海女は、各地に点在していた。ねんのため、千葉県の千倉と長崎県の対馬で写された写真を、紹介しておこう。それぞれ、一九五七年と一

[図152] 千葉・千倉の海女　1957年　写真・木村伊兵衛

九五八年に撮影されている[図152][図153]。

もちろん、海女の多くは以前から磯着をまといだしていた。あるいは、ウエットスーツを着用するようにもなっている。ここで例示した裸の海女たちは、一九五〇年代なら少数派になっていたはずである。

だが、そんな海女たちも、かつてはほとんど裸で漁にでた。地域により、褌の形状はちがっていたと思う。褌ではなく、腰巻一枚というところもあったろう。しかし、すくなからぬ女たちは肌の露出を気にとめない格好で、はたらいてきた。そして、その姿は[図26]、ビゴーの描いた海水浴のスタイルとも、つうじあう。

女性の水着は、西洋寝巻とよばれた舶来のそれに、はじまった。以後、グローバルな時代の流行にあわせ、変容をとげていく。それは、水着そのものが、アッパークラスの女たちから着用されだしたことを物語る。今、紹介した裸をいとわぬ女たちと、自分た

［図153］ 玄界灘を漁場とする対馬の海女 1958年 写真・中村由信

ちはちがう。そう明示したい階層が、まずとびついた衣裳ではなかったか。

アッパークラスの家父長たちじしんは、褌で遊泳をたのしんだ。一般人民との区別はつけにくいいでたちで、海辺や河原にあらわれている。だからこそ、彼らは自分たちの階層性がきわだつ水着を、妻女におしつけた。遊泳地では、もっぱら妻や娘に上流階級としてかがやく役目を、になわせたのである。西洋風にこだわったのは、そのためか。

彼女らには、家父長たちの装飾であることが期待されていたのだと、かみしめる。今の女性水着をさしながら、そう言っているわけではない。今日のスイムウエアは、彼女たちじしんの装飾品になりおおせた。ただ、その出自は家父長の階級的な見栄にあったことを、指摘しておきたいだけである。

ならば、水着の性格は、いつどうしてかわったのか。いずれは、その点もほりさげて、ときほぐすつもりである。ただ、褌に焦点をあてたこの本では、追究をひかえる。べつの場をもうけていどみたい。

20 海のむこうでは

【図101】を、もういちどふりかえりたい。褌一丁の裸で、老人が銭湯からかえっている。一九六三年に、東京の佃島で写された写真である。高度成長の初期までなら、下町にはこういう風俗がのこっていた。

女たちも、わりあい近年まで、裸に近い格好を、そう強くははずかしがっていない。階層によるちがいもあるが、おおらかにふるまう女性は多かった。

今は、もうありえない。文明化の勢いは、日本人の身体を、衣服でつつみかくしきった。ただ、六十歳代の後半にさしかかった私は、幼いころをふりかえり、こう思う。あのころの大人は、今より裸に近い格好で、あたりをうろうろしていたな、と。

そんな記憶があるせいだろうか。また、この本で披露した古写真にも、うながされてのことだろう。私は往時の日本人を、軽い裸族だったのではないかと、思っている。すくなくとも、夏期のあいだは裸族めいていた、と。

【図154】を見てほしい。『樹下雑語』と題された武田範芳の絵画である。一九四一年の南洋美術協会第一回展に、出品された。絵葉書にもなっている。武田は一九四〇年から翌年にかけ、パラオやヤップ、サイパンなどの島々で取材をした。この絵も、そういう

［図154］『樹下雑語』武田範芳画　1941年　個人蔵

島の様子を描いた一枚にほかならない。

画中、三人の女たちは、腰布をまいただけの姿で語りあっている。この布は、腰巻だったと言ってもいいだろう。ひとりで考えこむ男も、ほぼ裸で、ただ腰には褌めいた布をあてていた。これも、事実上の褌だとみとめてよい。同時代の日本でも、夏期における庶民の家なら、じゅうぶんありえた光景である。

パラオやヤップあたりの島嶼《とうしょ》部でも、人びとは腰巻と褌を身につけていた。それらだけで、日常をすごしたりもしている。こういう話を、若い世代の研究者は、日本からの感化として理解することがある。第一次大戦後、南洋にひろがる多くの島々は、日本の委任統治領へくみこまれた。そのため、日本の生活文化がつたわったのではないか、と。

だが、そんなことはない。これらの島々では、日本の委任統治がはじまる前から、褌や腰巻をつかってきた。それらは、彼らにもなじみのある衣類だったのである。

アメリカが太平洋の調査航海にのりだしたのは、一八三八年からであった。調査に参加したジェイムズ・ダナが、この時見てまわったサンゴ礁の記録を書いている。『サンゴとサンゴ礁』(一八七二年)がそれである。なかに、デューク・オブ・ヨーク島の風景を描いたイラストがある[図155]。

見れば、海岸に四人の男があつまっている。四人とも褌、あるいは廻しめいた布で、局部をおおっていた。デューク・オブ・ヨーク島はビスマルク諸島にぞくしている。のちに成立する日本の委任統治区域からは、はずれる島である。さらに、このイラストは、日本が開国をする前の調査をよりどころとして描かれた。

彼らの着ているものに、近代日本との直接的なかかわりはありえない。デューク・オブ・ヨーク島でくらしてきた人びとの、土着的な衣服である。それが、日本の褌や廻しに似ているのだと言うしかない。

フランスも、南太平洋の探検には、はやくからのりだしていた。たとえば、デュモン・デュルヴィルが一八二〇年代の後半に、こころみている。その記録も、『アストロ

［図155］　デューク・オブ・ヨーク島における海岸の光景　ジェイムズ・ダナ『サンゴとサンゴ礁』1872年　『熱帯幻想』［1991年　リブロポート］

ラブ号世界周航記』（一八三〇～三五年）として公刊した。

デュルヴィルはサンタクルス諸島のヴァニコロ島に、たちよっている。島でくらす人びとの様子も、イラストで表現した。見てのとおり、現地人男性の局部をつつんでいるのは、日本の六尺褌とかわらない。彼らは褌一丁と言ってもいいような格好で、屋外を歩いていた［図156］。

サンタクルス諸島は、ニューカレドニアやフィジーの北側にある。パラオやヤップとくらべれば、よほど日本からはなれている。また、一八二〇年代に日本との深いつながりがあったとも思えない。だが、褌の普及という点ではつうじあう。

デュルヴィルの探検は、ニューギニアのマスマヒ島にもおよんでいた。『アストロラブ号世界周航記』は、こちらの光景も描きだしている。島の女たちが股をおおう布だけを身につけ、野外で作業をしている図もある。この布もまた、形状は日本の褌とよく似ている［図157］。

データとしての鮮度はおちるが、もう一点イラストを提示しておこう。［図158］は、メイナード・ディクソン・ラファイエットの作品、ポスターである。『オーバーランド・マンスリー』という雑誌を、売りこんでいる（一八九四年一二月号）。そして、画中のネイティブアメリカンもまた、褌めいた下穿きをまとっていた。

アメリカ原住民の衣生活を、私はよく知らない。アメリカのポスター史をおいかけた

［図156］　ヴァニコロ島の男たち　デュモン・デュルヴィル『アストロラブ号世界周航記』1830〜35年
『熱帯幻想』［1991年　リブロポート］

時に、たまたまこの一枚とでくわしただけである。褌をほうふつとさせるこの衣類が、どれほど一般的であったのかは、わからない。だが、こういうものを腰へしめる部族も、なかにはいたのだと考える。

[図157]　マスマヒ島の女たち　デュルヴィル『アストロラブ号世界周航記』1830〜35年　『熱帯幻想』[1991年　リブロポート]

褌、および褌と通底する布で局部をつつむ民族は、いくつもある。とりわけ、環太平洋地域には点在することが、わかっている。それも温暖な、裸に近い格好でくらせるところに、ひろがっているようである。台湾の高砂族もこれを着用していたことは、さき

［図158］『オーバーランド・マンスリー』という雑誌（1894年12月号）を広告するポスター　イラストはメイナード・ディクソン・ラファイエット
Victor Margolin *"American Poster Renaissance"*
［1977 Watson-Guptill Publications／New York］

ほどのべた。

いずれにせよ、日本だけにかぎった衣服ではあり得ない。台湾、ミクロネシア、メラネシア、ポリネシア、アメリカにも、それはあった。環太平洋地域の原住民とよばれるような人びとには、ひろくなじまれている。

ただ、日本では二〇世紀以後、洋服であるズボンの下へかくされるようになった。和魂洋才という場合の和魂をほうふつとさせる着用法が、定着するにいたっている。また、二〇世紀のなかばごろからは舶来のパンツにおされ、身につける人がへりだした。おかげで、褌は古い日本の象徴めいた印象を、いだかれるようになっている。

だが、じっさいには、いたってグローバルな穿き物であったと言うしかない。日本列島は褌の文化を、環太平洋地域と分かちあっている。たがいに、さしたる交流があったとも思えない。そういう地域と、海をこえて、局部のおおいを共有しあってきた。

いっぽう、朝鮮半島や大陸中国に、褌の文化はない。日本列島には、対岸から日本海をこえ、少なからぬ人びとがわたってきた。文化的な刺激も、うけている。一衣帯水、同文同種などといった評語も、とびかわなかったわけではない。しかし、下肢の局部をつつむ下穿きの様子は、決定的にちがっていた。

中国の漢字にも、みょうな言い方だが、「褌」はある。しかし、それは日本的な越中や六尺をしめさない。股引や下袴《したばかま》をさしている。「褌」という文字は、東アジアの漢字文化圏で、ひとしくもちいられてきた。だが、日本と大陸では、その指示内容が違っている。

中国や朝鮮の人びとが、伝統的な袴類の下に何をどうはいていたのかは、よく知らない。ただ、局部を直接しめつける褌のような下穿きは、身につけてこなかった。褌は、裸に近いくらしをつづけてきた環太平洋地域の衣裳である。それらは極東の大陸におよばない。だが、日本列島にはとどいていたのである。

日本は東洋の東端に位置している。学問、宗教、芸術、制度をはじめ、さまざまな東洋文明のたまものが伝来した。しかし、褌をしめるという一点で、列島の文化は東洋からきりはなされている。むしろ、南洋の裸族と、誤解をされかねない言い方だが、つうじあっているのである。

環太平洋地域の原住民とよばれる人びとは、褌や腰巻だけで生活をおくることができた。日本列島の労働者たちも、温暖な時期にかぎれば、同じようなくらしをいとなんでいる。もちろん、身分が高くゆたかな人びとは、褌の上に袴などをはいた。しかし、それらをはぎとれば、褌一丁の裸族的な姿になったのである。

たかが褌に、どれだけの意味があるのか。そういう下穿きだけで、日本文化を世界のなかへ位置づけられるのはこまる。以上のように、反論をかえしたくなる読者も、おられよう。

私にも、ためらいがないわけではない。現代の男たちは、パンツをはきズボンへ脚をとおすようになってきた。もう、褌を愛用していた時代の記憶は、うすれだしている。そのため、褌というテーマを見いだした私は、これをおおげさにあつかいすぎた。その可能性は否定しきれない。考古学者が地中からの出土物を、ありがたがるように。

洋装であるズボンの下に、褌をしめる。あまり、人前ではしめさない。そんな時代のあったことを、私はうっすらおぼえている。おかげで、褌のことを秘められたなにかであると、思いこみすぎているのかもしれない。

夏には褌一丁で、近所もふくめうろうろしていた。子どものころは、たいてい褌でおよいだものである。そんな時代を生きた人なら、ありきたりの日常着としてうけとめる。だが、おぼろげな記憶しかもたない私は、事大主義へおちいっているような気もする。

しかし、だからこそ、このテーマにとびつけたのだと、今はひらきなおっている。褌からかいま見える意外な文化史に興味をいだいてくれる人も、そこそこはいるだろう。なるほど、そうだったのかと、本のあちこちで感じてもらえれば、うれしく思う。

あとがき

以前に、『パンツが見える。』（二〇〇二年・朝日選書）という本を書いたことがある。女たちの下肢をつつむ下着は、どのようにうつりかわってきたのか。腰巻きからズロース、そしてパンティへはどう推移したのだろう。以上のようなことどもを、おいかけた本である。

この本では、下着にまつわる羞恥心の歴史も、おいもとめた。女たちが、スカートの下からパンツののぞいてしまうことを、はずかしがる。男たちが、その光景にときめいてしまう。あの心性が、いつごろなぜめばえたのかも、つきとめようとする。そんな一冊でもあった。

書きおえたころから、つぎは褌だという想いを、私はめばえさせている。下着の歴史なら男のほうもきちんととらえなおす必要がある。女のそれだけでおしまいというわけには、いかない。その志を二十年ぶりにみのらせたのが、この本である。

いどみだして思ったのだけれども、往時をしのべる文字記録が、あまり見あたらない。男たちは、どう褌をあつらえたか。また、褌からパンツへの移行は、いかにすすめられていったのか。それをしらべる手がかりとなる文言が、なかなかひろいだせないのである。

女物の下着についてなら、ルポや小説のなかから、けっこう見いだせた。なかでも、ズロースについては、たいへんな数の言及を見つけている。当時の人びとは、その出現を話題にしたがったんだなと、かみしめた。とりわけ、男の書き手たちは、セクシュアルにそそられたのだと、痛感したものである。

いっぽう、男物の下着は、なかなかそういう対象になりえない。少なくとも、男の著述家が熱心に書きたてることは、なかった。彼らは、自分たちがズロースへそそいだだけの情熱を、褌やパンツにそそがない。また、女の書き手も、それを論じようとはしなかった。

けっきょく、私は映像記録にたよって歴史へせまる途を、えらんでいる。古い時代の衣生活がうかがえる写真や絵画などから、下着の歩みを復元していった。この本じたいが、映像でたどる褌やパンツの歴史といったしあがりに、なっている。

こう書けば、不審をいだく人もおられよう。褌やパンツは、下着である。その下着がうかがえるような姿で、写真におさまった者は少なかろう。絵画がたくさん描かれたとも、思いにくい。歴史の展開が見てとれる数だけ、ほんとうに映像記録はあつめられるのか。そんな違和感をしめすむきは、多かろう。

だが、じっさいには、そうでもない。下肢は褌だけで、尻の肌をあらわにする。そんないでたちで撮影された男たちの写真は、たくさんある。褌一丁でポーズをとる男の映像も、それほど苦労をせずに見つけることができた。どうやら、往時の男もそういうスタイルを、さほどはじていなかったようである。

いや、それどころではない。褌だけの姿をほこらしげに見せている男の写真も、けっこうある。いわゆる神事では、それこそが正装だとされていた様子も、うかがえた。

本文中に【図36】として紹介した一枚を、見てほしい。この写真は、日米対抗水上競技大会の第四回大会を、とらえている。一九五五年にひらかれた開会式を写していた。

本文でもふれたが、アメリカ国旗をかかげる日本男児は褌一丁になっている。国際的なセレモニーの儀礼的な役目を、褌だけの裸体になりながら、つとめていた。米国旗の竿尻《さお》を、鼠蹊部《そけいぶ》でささえるかのような姿勢も、とりながら。

この写真は、今のべた格好が礼節にそぐうとみなされていたことを、物語る。少なくとも、水泳関係者がドレスコードにもとると認識していた形跡は、うかがえない。これは、二〇世紀なかばすぎの正装だったのである。

下着のパンツ姿に、今こういう役目はになえない。ブリーフ一枚での国旗掲揚は、まずありえないだろう。ここまで、私はパンツが褌にとってかわったと、のべてきた。しかし、両者の象徴的な意味合いは、まったくちがう。パンツ一丁と褌一丁は、とうてい同列にならびえない。

そして、映像記録は、しばしばこういうことを、あざやかにさししめす。文献や文書のつたえない規範のあり方を、今日につたえてくれるのである。この本も写真やイラスト類に多くを語らせた。

私は、今後も映像資料にたよった風俗史の仕事をつづけたい。いくつかの腹案もある。乞う御期待と、見得を切りたいところである。

しかし、写真などの書籍利用にさいしては、のりこえねばならない難関がある。著作権をもっている人たちの、了解をもらわなければならない。今回、この本では、編集者の田島正夫さんが、その労をひきうけてくれた。

さいわい、多くの著作権保持者に、本への転載をみとめてもらうことができている。おかげで図版をたくさんつかった本だが、無事にまとめあげられた。この場をかりて、連絡に尽力してくれた田島さんともども、感謝の気持ちをあらわしたい。

この図に関してなら、著作権は自分にある。そうお気づきの方は、当方までご一報をいただきたい。あるいは、版元へお知らせ下さればと、ねがっている。

この禅論は、国際日本文化研究センターの共同研究で、討議の場に供された。私と斎藤光さんが共催していた「近代東アジアの風俗史」で、議論の俎上にあげている。安井眞奈美さんとローレス・マルソーさんによる「身体イメージの想像と展開」でも、同じ機会をいただけた。そのさいには、多くの参加者から有意義な示唆をちょうだいしている。また、映像資料を活用した風俗史の研究にも、自信をもつことができた。

こちらにも謝意をあらわして、むすびの言葉としたい。

二〇二二年四月

井上章一

写真・図版協力

朝日新聞社
池添 素
木村尚子
久保靖夫
熊本博物館
小磯美術クラブ　嘉納邦子
今美佐子
埼玉県立不動岡高校
さいたま市立漫画会館
週刊新潮
水声社
杉野学園
須藤 功
武田光太郎
田沼武能
戸井鈴子
東京都江戸東京博物館
東京都立中央図書館
ドメス出版
中嶋忠一
中村田鶴子
日刊スポーツ新聞社
日本カメラ財団
日本写真家協会
日本美術家連盟
日本漫画家協会
農山漁村文化協会
農文協プロダクション
八戸市博物館
林 義勝
針すなお
蕗谷虹児記念館
蕗谷龍夫
文理閣
毎日新聞社
宮本美音子
武藤めぐみ
横浜開港資料館
吉川邦夫
DNPartcom
HMArchive
Taka/Ishii Gallery

井上章一 いのうえ・しょういち
1955年、京都府生まれ。国際日本文化研究センター（日文研）所長。京都大学工学部建築学科卒、同大学院修士課程修了。京都大学人文科学研究所助手をへて日文研教授。専門の建築史・意匠論のほか、日本文化について、あるいは美人論、関西文化論などひろい分野にわたる発言で知られる。著書に『霊柩車の誕生』（朝日文庫）、『つくられた桂離宮神話』（講談社学術文庫）、『美人論』『関西人の正体』『阪神タイガースの正体』（朝日文庫）、『南蛮幻想』（文藝春秋）、『人形の誘惑』（三省堂）、『パンツが見える。』（朝日選書）、『アダルト・ピアノ』（PHP新書）、『日本に古代はあったのか』（角川選書）、『伊勢神宮』（講談社）、『現代の建築家』（ADAエディタ・トーキョー）、『京都ぎらい』『京都ぎらい 官能篇』『京都まみれ』（朝日新書）など多数。

朝日新書
864

ふんどしニッポン
下着をめぐる魂の風俗史

2022年5月30日第1刷発行

著　者　井上章一

発行者　三宮博信
カバーデザイン　アンスガー・フォルマー　田嶋佳子
印刷所　凸版印刷株式会社
発行所　朝日新聞出版
〒104-8011　東京都中央区築地5-3-2
電話　03-5541-8832（編集）
　　　03-5540-7793（販売）

Published in Japan by Asahi Shimbun Publications Inc.
ISBN 978-4-02-295159-5
定価はカバーに表示してあります。

落丁・乱丁の場合は弊社業務部（電話03-5540-7800）へご連絡ください。
送料弊社負担にてお取り替えいたします。